EL CAMINO
EXITOSO
HACIA SU
PROPIEDAD EN

SEGUNDA
EDICIÓN

KATHERINA SANTANA

Título: **EL CAMINO EXITOSO HACIA SU PROPIEDAD EN MIAMI**
Depósito legal lf25220153332725
ISBN-10 1986147282
ISBN-13 9781986147286
Copyright: Katherina Santana

AGRADECIMIENTOS

Agradezco a Dios, quien siempre ha estado a mi lado y me ha llevado de la mano. Agradezco porque siempre he tenido la virtud de hacer y desarrollarme en lo que me apasiona. Desde muy pequeña comencé a trabajar por mis sueños y fui creciendo regida por un alto estándar de disciplina y constancia.

A mis padres y mi adorada familia, quienes hicieron grandes sacrificios para impulsarme porque vieron en mí a una mujer emprendedora capaz de asumir y cumplir muchos retos. Quienes me enseñaron que los tropiezos de la vida no son más que momentos de aprendizaje y que, una vez superados, la fuerza, energía y conocimiento adquirido te hacen una mejor persona.

A mi tía Josmar Castillo, quien me ha acompañado en esta satisfactoria carrera apoyando mis ganas de asesorar a personas a la hora de cumplir sus sueños inmobiliarios. Gracias por aportar ideas muy valiosas para el éxito de nuestro grupo.

A Elie Azar, quien me ha impulsado a desarrollarme como una empresaria siendo una guía determinante para el progreso de mi persona y mi negocio.

A Suzet Contreras, gerente de oficina, quien con su profesionalismo y capacidad de seguimiento me ayuda cada día a seguir cosechando metas.

A todo mi equipo maravilloso, de quienes estoy muy orgullosa y agradezco infinitamente su profesionalismo, constancia y pasión. Todo es posible gracias a ustedes.

A Orlando Montiel, mi primer broker, mi mentor, quien me enseñó que el triunfo en cualquier negocio es dado por la constancia, la excelencia en el desempeño y la disciplina. Le agradeceré siempre el haber confiado en mi capacidad de aprendizaje, mis ganas de superarme y mi enfoque.

A mis brokers, compañías afiliadas, (Ioxus Properties, HomeWiz USA, Plan B International Realty y Capital International Realty) con los cuales he trabajado durante el transcurso de los años, de quienes aprendí mucho y a quienes tengo un sinfín de cosas que agradecerles, sobre todo por hacerme sentir como en casa.

A Carla Corbo de Lennar Homes, a quien admiro y con quien tengo la dicha de compartir proyectos exitosos.

A Judith Peraza de Perland Title, por ser una profesional intachable quien fomenta el éxito a través de sus conocimientos en cada cierre.

A Andrea Moreno, por las útiles ideas que ha aportado.

A mis colaboradores, quienes hicieron posible este libro: Orlando Montiel (The Montiel Organization; Paz Económica Asesores), Judith Peraza (Perland Title and Escrow Services), Roberto González (González and Partners CPAs, LLC), Adriana Moreno (WXC Corp.), Nubia Eckert (Eckert Insurance Group, INC); diseño, edición y publicación: Miriangela Villegas, Leirum Rivas, Helen Cornielles, Ibrahim

Rojas, Carlos Eduardo Gutiérrez, Carlos Mayz, Magaly Mayo y Nivia Cuevas.

Por último, pero no menos importante, a mis clientes, quienes me entregan su confianza y colocan su patrimonio en mis manos para que los guíe en la mejor decisión. Ellos se convierten en mis amigos y forman parte de mi gran familia. Les agradezco por tenerme en mente cuando conocen a alguien interesado en comprar, vender, invertir o alquilar propiedades en Miami. Sus requerimientos, anécdotas, ocurrencias y sus personalidades hacen que todos los días de mi vida estén llenos de emociones y de satisfacción.

ÍNDICE

ÍNDICE

PRESENTACIÓN

Katherina Santana, joven emprendedora destacada por su trayectoria y dedicación dentro del mundo de bienes raíces en los condados de Miami-Dade y Broward. Incursionó en la asesoría y corretaje inmobiliario a los 22 años y logró de manera exitosa destacarse en este mercado profesional mientras culminaba sus estudios de Comercio Internacional en la Universidad Internacional de la Florida, donde gracias a su desempeño y perseverancia logró la mención honorífica *Magna Cum Laude*.

Katherina practica una visión innovadora y proactiva en el campo inmobiliario, teniendo como objetivo principal estudiar, aprender y prepararse cada día para brindarle a sus clientes el conocimiento y la experiencia adquirida a lo largo de los años. Tiene como reto ir a la vanguardia de las actualizaciones del mercado de bienes raíces y las nuevas tecnologías, colocándose en una posición ventajosa cuando se trata de presentarle al cliente distintas opciones inmobiliarias y la asesoría acertada al momento de la compra-venta de un inmueble.

Su exitosa trayectoria está afianzada por cientos de transacciones inmobiliarias. Cree en las relaciones a largo plazo y para ello busca destacarse de manera exitosa en cada una de éstas, logrando así que sus clientes queden totalmente satisfechos con la asesoría y los servicios prestados. Todo esto basado en la ética, legalidad, honestidad, profesionalismo, responsabilidad, seguridad y los más altos estándares en atención, que resguardan en todo momento el patrimonio de sus clientes, quienes confían en su trayectoria y conocimientos en el área.

Su compromiso con el bienestar y la satisfacción de sus clientes, hace que se conviertan en amigos, aliados y su fuente principal de negocios gracias a sus buenas recomendaciones. Por eso, Katherina le ofrece la seguridad que usted necesita para tomar con mayor confianza la gran decisión de invertir en la Florida.

Bienvenido a la familia de Santana Sales Group donde la mayor satisfacción es brindarle una excelente asesoría personalizada que cubra sus necesidades.

Compañía afiliada (broker):
Capital Int'l Realty
1110 Brickell Ave. Suite 430 Miami, FL 33131.

Para consultas puede comunicarse a través de:

info@santanasalesgroup.com
santanasalesgroup@gmail.com
Desde Estados Unidos 786.444.7273
Desde Venezuela 0212.335.4942
www.santanasalesgroup.com

ADVERTENCIA LEGAL

E sta guía práctica le brinda al lector una información útil basada en el conocimiento que he adquirido en cada uno de los cursos realizados, la experiencia lograda a través de los años que llevo desempeñándome como asesora y la recopilación de contenido relevante del mundo inmobiliario.

En ningún momento este manual tiene como objetivo la sustitución de asesoría profesional. Recomiendo ampliamente que al momento de realizar una transacción inmobiliaria e hipotecaria, contrate los servicios de los profesionales en la materia: abogados, contadores, corredores inmobiliarios, corredores hipotecarios, entre otros. Al usar la información contenida en la presente guía, usted está de acuerdo en mantener libre de toda responsabilidad, reclamación, demanda o acción legal, tanto a nuestras empresas como a todos sus accionistas, directores asociados, empleados y/o colaboradores que hicieron posible plasmar los puntos expuestos en la misma.

Cabe destacar que el mercado inmobiliario e hipotecario es muy dinámico, por lo tanto, no se puede asegurar que la información esté vigente para el momento de su lectura y/o publicación. Toda la información recopilada está sujeta a cambios basados en diversos factores desde el mercado, calificación del cliente, banco prestamista, entre otros. Se sugiere hacer una verificación en el momento que usted esté interesado con un agente inmobiliario, corredor hipotecario, departamento de hipotecas, banco prestamista, abogados y contadores.

"Esta comunicación es proporcionada a usted solamente con fines informativos y no debe ser tomada como referencia. Katherina Santana, PA, *Santana Sales Group*, y/o ninguno de los colaboradores en esta guía son un prestamista hipotecario y por lo tanto debe ponerse en contacto con su agente hipotecario o instituciones financieras directamente para aprender más sobre sus productos hipotecarios y su elegibilidad para este tipo de productos." (FTC16 CFR Parte 321)

"*This communication is provided to you for informational purposes only and should not be relied upon by you. Katherina Santana, PA and/nor Santana Sales Group, is not a mortgage lender and so you should contact your Mortgage Broker or Financial Institutions directly to learn more about its mortgage products and your eligibility for such products.*" (FTC16 CFR Part 321)

INTRODUCCIÓN

La cercanía que he logrado con mis clientes y el trayecto profesional que me ha llevado a conocer en profundidad los detalles, procesos y singularidades del mundo inmobiliario, me han impulsado a ir más allá del trabajo diario para compilar una guía que sirva como invaluable apoyo a la hora de comprar, vender o alquilar un inmueble en el sur de la Florida.

Tantas preguntas surgen al momento de tomar una decisión como ésta, incluso cuando aún estamos vislumbrándolo como una posible meta. Tantas dudas e inquietudes que, en las manos erradas o con falta de conocimiento, pueden hacer de esta experiencia algo desconcertante.

Motivada al ver esa necesidad de muchos clientes de tener un panorama claro, he plasmado en papel una forma de apoyarlos a visualizar el camino hacia esa meta, desde el momento en que es un pensamiento hasta que se hace realidad. Estar informados hace la diferencia, y como asesora, mi compromiso es brindar el paso a paso para lograr una compra-venta exitosa y bien planificada.

En los siguientes capítulos podrá descubrir conceptos, implicaciones, requisitos y recomendaciones para convertirse en propietario, vender o alquilar su propiedad de una forma satisfactoria y plena, esperando que este libro se convierta en un verdadero aliado y abra las puertas a una asesoría gratificante.

Parte de esta asesoría e información del libro encuentra lugar en temas referentes al proceso de la compra-venta inmobiliaria: los pasos claves que determinan el éxito en la adquisición de un inmueble, las leyes que pueden aplicarse para los distintos tipos de compradores y qué deben tomar en cuenta tanto vendedores como compradores para evitar los errores más comunes que he encontrado a lo largo de estos años.

Asimismo, cuáles son las distintas formas de pago o financiamiento y sus implicaciones, el área legal y contable a través de la entrevista con expertos, qué características tiene un proceso de alquiler de una propiedad desde el punto de vista del inversionista y también desde el punto de vista del inquilino. Y para finalizar un glosario de términos que situará al lector con los conceptos más importantes relacionados con el *real estate*.

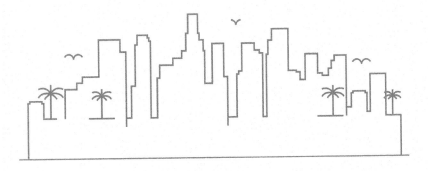

10 PASOS PARA ADQUIRIR SU PROPIEDAD EN MIAMI CON CONFIANZA

L a decisión de comprar y/o vender un inmueble quizás sea una de las más importantes que realice en su vida debido a todos los pasos e implicaciones que conlleva. Independientemente de si es la primera vez que incursiona en el mundo inmobiliario o si es un comprador experimentado, la adquisición de una propiedad requiere de una buena planificación. Tomando en cuenta la cantidad de factores financieros y emocionales en juego, es indispensable contar con el apoyo de un equipo profesional que haga que el proceso sea acertado y no un dolor de cabeza.

Parte fundamental de un servicio integral es brindar asesoría y esto se logra a través de la información sobre todos los procesos que conllevan ser dueño de un inmueble en el sur de la Florida. Basado en este principio, lo más importante a la hora de realizar una inversión en bienes raíces es poseer el conocimiento necesario acerca de los pasos y/o especificaciones a seguir:

¿Preparado para comprar
una propiedad?

Escoger al asesor
inmobiliario adecuado

Precalificación
financiera

Buscar la propiedad
correcta

Oferta
compra-venta

Aceptación
de la oferta

Cumplir con las
cláusulas del acuerdo de
compra-venta

Fijar la
fecha de cierre

Inspección
final antes del cierre

Protocolización

1. ¿PREPARADO PARA COMPRAR UNA PROPIEDAD?

A la hora de tomar una decisión de esta índole es imperativo estar seguro que se está comprando por las razones correctas y más importante aún, que se está en capacidad financiera para asumir el rol de ser dueño de un inmueble. Este paso es fundamental porque va a permitir conocer cuáles son las necesidades y hacia dónde se enfoca la inversión. Para luego, poder contactar al asesor inmobiliario y definir el tipo de inmueble que se ajuste a dichos requerimientos.

¿Por qué quiere comprar? La gran mayoría de las veces en este punto son impulsos emocionales los que vienen a la mente. La recomendación es ser cauteloso. Considere las emociones, pero más importante aún, evalúe su capacidad financiera. La propiedad se debería mantener a mediano o largo plazo. Básicamente ese es el tiempo promedio necesario que se debe sostener el inmueble antes de vender. En este punto debe hacer una lista detallada de sus prioridades, esto ayudará a que su búsqueda y adquisición se realice de una forma acertada. En este sentido, determine la zona donde quisiera vivir o invertir.

¿Tiene la capacidad financiera? Debe estar seguro de su capacidad financiera y de ahorro. Además del precio de la propiedad, si la adquisición es de contado, tome en cuenta los gastos de cierre, adquisición de seguros, inspecciones y aplicación con el condominio. Si la compra es a través de un financiamiento, adicional a los puntos nombrados anteriormente, debe contar con dinero extra para los gastos que generará la emisión de la hipoteca más las reservas para los pagos mensuales (hipoteca, seguros e impuestos) de por lo menos 12 meses. Esto le dará la tranquilidad que de cara a cualquier eventualidad podrá continuar realizando los pagos hasta solventar la situación. Existen diferentes programas de financiamiento y cada banco cuenta con reglas un tanto estrictas.

A continuación, algunos consejos importantes para la calificación:

Mantener un buen récord crediticio (tips: pague sus deudas a tiempo, mantenga balances bajos, solicite nuevas líneas de crédito sólo cuando sea necesario)

Relación máxima de ingresos vs. deudas de 43% (ingreso mensual bruto en comparación con los pagos mínimos de todas sus deudas recurrentes)

2 años de declaración de impuestos

Mínimo 2 años de trabajo verificable en la misma empresa o en la misma línea laboral

Una vez esté de definido por qué quiere comprar, el próximo paso es buscar y empezar a trabajar con un agente de bienes raíces especializado que pueda ser la guía a través de todo el proceso de compra-venta.

2. ESCOGER Al ASESOR INMOBIlIARIO ADECUADO

Es uno de los pasos más importantes del proceso, especialmente si el comprador no está familiarizado con la zona, el mercado, documentos legales, proceso de inspección, cierre y con las implicaciones financieras, legales y tributarias que implica ser dueño de un inmueble en Estados Unidos.

3. PRECAlIFICACIÓN FINANCIERA

Contar con el equipo especializado en créditos hipotecarios el cual pueda entender y satisfacer sus inquietudes y necesidades es esencial durante el proceso de solicitud de hipoteca. De esta manera, el proceso de precalificación y la obtención del financiamiento no debe ser tan difícil como parece.

4. BUSCAR LA PROPIEDAD CORRECTA

Cuando se trate de escoger la propiedad acertada, determine junto a su asesor inmobiliario particularidades como el espacio y ubicación del inmueble, valor de mercado en el presente y a futuro, características del conjunto, servicios públicos y privados que se encuentren alrededor de la propiedad, entre otros aspectos. Es bueno sentarse con su asesor inmobiliario y explicarle en detalle sus necesidades para que éste pueda adentrarse en el denso mercado inmobiliario y facilitarle la toma de tan relevante decisión.

5. OFERTA COMPRA-VENTA

Una vez seleccionada la propiedad, su asesor inmobiliario deberá preparar toda la documentación necesaria para realizar una oferta, la cual se convierte automáticamente en un contrato una vez sea aceptada y ejecutada por las partes. Las condiciones que se deben tomar en cuenta al realizar una oferta inmobiliaria son las siguientes: a nombre de quién se va a colocar el título de la propiedad, precio, cuota inicial, depósitos, modo de pago, tiempo para concluir la transacción, fecha para realizar las inspecciones y aprobación del condominio.

6. ACEPTACIÓN DE LA OFERTA

El proceso de aceptación puede demorar un par de días dependiendo del vendedor y del tipo de transacción que se esté llevando a cabo. Una vez la oferta sea ejecutada se le envían copias a todas las partes involucradas, incluyendo a la compañía de título la cual se encarga de verificar que el vendedor de la propiedad esté en su pleno derecho de traspasar/vender y que no existan deudas sobre la misma.

7. CUMPLIR CON LAS CLÁUSULAS DEL ACUERDO DE COMPRA-VENTA

Este es uno de los pasos medulares durante el proceso de adquisición de un inmueble, ya que las cláusulas estipuladas en el acuerdo son de obligatorio cumplimiento, de lo contrario puede representar un gasto de miles de dólares, e incluso la pérdida de la propiedad. El objetivo principal de su asesor inmobiliario debe ser la asistencia de manera minuciosa en el cumplimiento de todas las cláusulas establecidas en el acuerdo de compra-venta durante los lapsos de tiempo determinados.

8. FIJAR LA FECHA DE CIERRE

La fecha de cierre se estipula al momento de escribir la oferta de compra-venta y dependerá de si la compra se realiza de contado o a través de un préstamo hipotecario. Si la transacción es de contado, el proceso de cierre puede ser tan corto como 3 días hasta 20 días después de ejecutado el contrato. Si la transacción es con financiamiento, el proceso usualmente se demora entre 45 y 60 días.

9. INSPECCIÓN FINAL ANTES DEL CIERRE

Antes del día del cierre, es recomendable dar un recorrido a través de la propiedad con el objetivo de verificar que las condiciones físicas del inmueble son las esperadas o pactadas en la negociación.

10. PROTOCOLIZACIÓN

Es uno de los momentos más gratificantes durante el proceso de adquisición de un inmueble. Este día se firmarán los documentos de cierre, se consignará el dinero para concretar la compra y le entregarán las llaves de su propiedad. Si está adquiriendo el inmueble de contado, puede realizar la protocolización desde su país de origen y su asesor inmobiliario debe estar en la capacidad de coordinar todas las partes que intervienen en este proceso para que así cumplan con sus obligaciones a cabalidad garantizando de esta forma un cierre satisfactorio.

CAPÍTULO 2

¿CÓMO ESCOGER AL ASESOR INMOBILIARIO ADECUADO?

Escoger un asesor inmobiliario es uno de los pasos más trascendentales en el proceso de compra- venta debido a que la experiencia, conocimiento y el respaldo de un agente profesional es determinante durante el proceso. Para tomar la decisión correcta, es primordial verificar las credenciales tanto personales como de la compañía que el agente representa. Debe asegurarse que el corredor esté respaldado por un equipo profesional de contadores, abogados, compañía de títulos e inspectores, quienes lo van a apoyar durante el proceso y harán que la transacción se realice de una manera seria, confiable y exitosa.

¿QUIÉN ES UN CORREDOR INMOBILIARIO?

Un corredor inmobiliario es un profesional dedicado al corretaje de inmuebles. En Estados Unidos son conocidos como realtors, la cual es una designación de la Asociación Nacional de Realtors (NAR por sus siglas en inglés). Esta asociación cuenta con más de un millón de miembros activos a nivel nacional. Estos miembros son profesionales en el sector inmobiliario que poseen una licencia otorgada por el Departamento de Estado para ejercer transacciones inmobiliarias, bien sean residenciales, comerciales, o de administración de inmuebles, así como otras ramas que pertenecen a la asociación.

Se clasifica a los realtors en dos categorías: vendedores y asesores. Un ejemplo para entender la diferencia entre estos, es la de un "realtor" tipo "vendedor del Doral", quien solamente se enfocará en ofrecer e intentar vender una propiedad en esta ciudad, ya que este corredor se especializa en vender las propiedades y no en asesorar a los clientes. Por otro lado, tiene al asesor inmobiliario, quien va a dedicar tiempo a realizarle una serie de preguntas claves para realmente determinar cuáles son sus necesidades y basado en esta información, se encargará de ofrecer las inversiones y/o propiedades en el área de la ciudad que mejor se ajuste a su necesidad.

¿QUÉ PREGUNTAS PUEDE REALIZAR AL CORREDOR INMOBILIARIO PARA VERIFICAR SU EXPERIENCIA Y CONOCIMIENTOS?

- ¿Cuánto tiempo lleva ejerciendo la profesión de bienes raíces?
- ¿Se dedica a esta profesión tiempo completo o tiene otros trabajos?
- ¿Cuál es su misión, visión y valores?
- ¿Adicional a la licencia de bienes raíces, posee otra carrera, credenciales o cursos profesionales?
- ¿Cuántas horas trabaja semanalmente?
- ¿Cuáles servicios adicionales ofrece?
- ¿Puede demostrar testimonios de clientes anteriores?

¿CUÁLES SON LAS CARACTERÍSTICAS QUE DEBE BUSCAR EN UN CORREDOR INMOBILIARIO?

Debe sentirse seguro de que puede confiar plenamente en su agente inmobiliario. Puntos primordiales a buscar en este profesional:

A diferencia de muchos países en Sur América, en Estados Unidos el proceso de búsqueda de una propiedad se canaliza a través de un sistema estándar llamado Sistema de Múltiples Listados (MLS por sus siglas en inglés) en donde los licenciados deben publicar todas las propiedades a la venta, por lo tanto, los agentes inmobiliarios tienen acceso a los mismos inmuebles.

¿CÓMO INTERVIENE EL CORREDOR INMOBILIARIO EN EL PROCESO DE COMPRA-VENTA?

Su agente inmobiliario estará involucrado durante el transcurso de la transacción y su intervención deberá incluir al menos estas actividades:

- Ayudar a determinar sus necesidades y capacidades.
- Presentación de diferentes opciones de inversión y asistencia en el proceso de búsqueda.
- Proveer información general sobre las diferentes formas de colocar el título de propiedad y referir con los profesionales que lo asistirán con los temas legales, tributarios, título e inspecciones.
- Asesorar en el manejo de ofertas y negociaciones de los términos del contrato.
- Asistir en el proceso de cierre.
- Ofrecer servicios después del cierre.

¿CÓMO SON COMPENSADOS LOS CORREDORES INMOBILIARIOS?

En la mayoría de transacciones de bienes raíces existe al menos un agente inmobiliario involucrado.

Basado en las estadísticas oficiales de la Asociación Nacional de Realtors en su reporte "Perfil de Compradores y Vendedores 2016", 89% de los vendedores utilizaron los servicios de un corredor para vender sus propiedades. Por otro lado, 88% de los compradores también usaron los servicios de un asesor inmobiliario.

Los profesionales de bienes raíces no son pagados por hora ni por finalización de trabajo realizado, por el contrario, cobran al final de la transacción solamente y si por algún inconveniente la transacción no cierra, en la mayoría de los casos no son remunerados. Un corredor puede pasar días, semanas o meses trabajando con un comprador o vendedor y si no se llega a completar ninguna transacción no es recompensado por su tiempo. Los agentes inmobiliarios trabajan bajo un esquema de comisiones basado en un porcentaje sobre el precio de la propiedad, ya sea residencial o comercial.

¿QUIÉN PAGA LA COMISIÓN Y CUÁL ES EL PORCENTAJE?

Técnicamente la comisión la paga el vendedor y dicho monto es disminuido de sus ingresos en la mesa de cierre entre el agente representando al comprador y el agente representando al vendedor y luego, respectivamente, tienen la obligación de dividir ese 50% de comisión con sus compañías y este monto varía dependiendo del acuerdo que tengan con su broker. Generalmente, en las transacciones residenciales la compensación es el 6% del valor del inmueble. Finalmente, la porción que queda cubrirá el salario del agente y los gastos relacionados con la venta del inmueble.

¿DÓNDE SE ESTIPULA EL MONTO DE LA COMISIÓN?

Cuando un vendedor contrata los servicios de un profesional de bienes raíces, éste autoriza al agente mediante un acuerdo a promocionar, negociar y vender su propiedad. En dicho acuerdo se estipula cuál es el porcentaje de comisión que el agente recibirá a la hora de la protocolización y el porcentaje que se le pagará al agente que represente al comprador. Este porcentaje es publicado en el Sistema de Múltiples Listados (MLS), de esta manera los agentes están al tanto de cuánto será su compensación a la hora del cierre.

Por ejemplo, un vendedor contrata los servicios de un agente inmobiliario y acuerdan que el pago por comisión, el día de cierre, será el 6%. Cuando éste pública la propiedad en el MLS, hay un renglón donde coloca que se compensará al agente que localice un comprador con el 3% de comisión. El día de cierre la compañía de título (registro) compensará a cada agente a través de sus brokers con el 3% del monto de venta de la propiedad.

Lo más importante es que al momento de realizar una transacción inmobiliaria se sienta seguro que está trabajando con un asesor y una compañía profesional, responsable y sobre todo conocedores del mercado y de los diferentes tipos de negocios que pudieran ser de su interés.

Los asesores de bienes raíces son un factor invaluable e indispensable en las transacciones inmobiliarias. Indistintamente de que esté vendiendo o comprando una propiedad, el apoyo y asesoría profesional de un agente de bienes raíces experimentado que represente sus intereses constituye cada dólar que conforma la comisión.

CAPÍTULO 3

FINANCIAMIENTO
EN ESTADOS UNIDOS

E ste paso es crucial a la hora de tomar una decisión. Antes de salir a ver la primera propiedad, el paso inicial es la precalificación bancaria. No hay nada más frustrante que enamorarse de una casa y luego darse cuenta que no puede pagarla. Para evitar que el proceso pase de ser algo emocionante a decepcionante, se debe visitar sólo las propiedades que estén al alcance de nuestro presupuesto y eso se determina a través de la precalificación bancaria.

Probablemente la adquisición de una casa es la compra más grande que haga y la deuda más importante que adquiera. Por eso es relevante tener claro los términos que implican obtener un préstamo hipotecario.

DEFINICIONES BÁSICAS

1. ¿Qué es una hipoteca? Es un documento que le da el derecho al banco de usar su casa como colateral en el evento que el préstamo no sea pagado. Una vez que el préstamo se pague en su totalidad, la hipoteca desaparece y el banco ya no tendrá ningún derecho sobre su casa.

2. ¿Cómo está conformada una hipoteca? Está compuesta de varias partes:

Colateral: es simplemente lo que le dio en garantía al banco para que le otorgaran el préstamo, es decir, la propiedad que adquirió. Si la deuda no es pagada, el prestamista tiene derecho de ir contra el inmueble y realizar una ejecución bancaria para así recuperar la deuda.

Principal: se refiere a la suma de dinero que solicitó en la hipoteca para comprar su propiedad. En la mayoría de los casos se coloca una inicial, dependiendo del tipo de comprador entre el 3.5 - 50% del valor del inmueble, para reducir el principal. Por ejemplo: Si el valor de la propiedad es $300,000.00 y colocó una inicial de 20% ($60,000.00) su hipoteca es de $240,000.00 al igual que su principal.

Interés: es el costo por solicitar dinero prestado. El banco debe recibir el porcentaje acordado durante la vida del préstamo. Adicionalmente a los intereses, pueden cobrarle puntos y gastos por emitir la hipoteca. Cada punto es 1% del monto total del préstamo y se financia junto al principal.

3. Impuestos sobre la propiedad: es un pago inherente al inmueble el cual se basa en un porcentaje sobre el valor de la propiedad y varía dependiendo de la zona. Generalmente, se utilizan para cubrir el funcionamiento del área donde se encuentra la vivienda, por ejemplo, para construir y mantener las escuelas, carreteras, infraestructuras y los servicios públicos que se ofrecen.

Los impuestos se deben cancelar anualmente a más tardar el 31 de marzo de cada año. Si la compra se realiza a través de un financiamiento, es común que el pago del mismo se haga mensualmente en conjunto con su hipoteca; si la compra se realiza de contado, se cancelarán anualmente. El monto a pagar estará disponible a partir del 1ero de noviembre de cada año; si son cancelados durante ese mes obtendrá un descuento de 4% del monto total, si son pagados en el mes de diciembre el descuento será del 3%, en enero del 2%, en febrero del 1% y en el mes de marzo no obtendrá ningún beneficio ya que es el último mes para cancelar los mismos.

La página web del condado de Miami-Dade coloca a disposición un simulador de impuestos basado en una propiedad específica. Solicítele a su agente inmobiliario un cálculo estimado sobre los impuestos de la propiedad.

4. Seguros: cuando adquiere una propiedad a través de una hipoteca el banco prestamista, antes del cierre, le exige adquirir los seguros necesarios.

Existen diferentes tipos:

Seguro de propiedad: esta póliza cubrirá su inmueble y artículos personales contra pérdidas por incendio, robo y mal tiempo, entre otras causas.

Seguro contra terceros: esta póliza es recomendable ya que cubrirá contra daños a terceros en su inmueble. Dependiendo del tipo de compra podría ser parte del seguro de propiedad o requerirá obtener una cobertura separada para la misma.

Seguro de inundación: si el inmueble está ubicado en una zona de alto riesgo de inundación, el banco le exigirá una póliza adicional contra inundaciones *(Flood Insurance)*. Para poder determinar si este seguro le corresponde o no, se debe realizar un certificado de elevación, que es una herramienta administrativa utilizada para determinar la póliza de inundación correcta basada en la elevación de la construcción. Esto es generalmente para las casas y townhouses. Usualmente los edificios tienen una póliza de seguro principal, que forma parte del pago de condominio, que incluye la póliza contra inundación.

Seguro hipotecario: si realiza la compra a través de un financiamiento con menos del 20% de inicial, el banco le impondrá un seguro adicional que en este caso es para asegurar la hipoteca en sí. Los préstamos con iniciales por debajo del 20% son considerados de alto riesgo y por eso requieren el pago de un seguro hipotecario privado que protege al prestamista en caso de que no pague su hipoteca. Dependiendo del tipo de financiamiento el seguro hipotecario sería PMI *(Private Mortgage Insurance)* o MIP *(Mortgage Insurance Premium)*.

CONSIDERACIONES GENERALES SOBRE LA EMISIÓN DEL PRÉSTAMO HIPOTECARIO

1. ¿Qué es una precalificación bancaria?

La mayoría de los bancos y los prestamistas ofrecen una carta de precalificación luego de responder una serie de preguntas. En dicha carta el prestamista sugiere que podría calificar para un préstamo por un monto determinado pero los documentos no han sido verificados aún. La recomendación es obtener una preaprobación bancaria. En dicha preaprobación el prestamista verifica todos los documentos y su reporte de crédito. Esto es muy ventajoso por las siguientes razones:

- Tranquilidad de que el banco revisó y verificó su documentación, por lo tanto, sabe que califica y cuál es el monto máximo de la propiedad a adquirir.
- Si existe algún inconveniente para poder calificar, lo sabrá antes de haber visto propiedades y podrá solucionar el problema con tiempo y no con la presión de estar bajo un contrato firmado.
- Su oferta es mucho más atractiva y seria cuando le presenta al vendedor una carta de preaprobación vs. precalificación.
- Debido a que el banco ya solicitó y estudió su documentación, el proceso de financiamiento durante la compra debería ser más expedito.

2. ¿Cómo conseguir un banco prestamista?

Su agente inmobiliario debe estar en la capacidad de recomendarle diferentes opciones entre bancos y corredores de préstamos dependiendo del caso. También es recomendable que obtenga referencias a través de sus conocidos y familiares, de esta forma podrá entrevistarse con varios bancos y así tomar una decisión acertada basada en su perfil.

3 PASOS FÁCILES PARA OBTENER UN PRÉSTAMO HIPOTECARIO

PASO 1: Examine sus finanzas

Empiece determinando cuánto puede pagar mensualmente. La planificación financiera es crítica en este punto. Haga un balance de sus ingresos vs. gastos para así poder aprovechar al máximo su dinero ahora y estar bien preparado para el futuro. Necesita determinar cómo su pago mensual de hipoteca va a encajar dentro de su presupuesto por los próximos 5, 10, 15 ó 30 años, dependiendo de cuánto tiempo tiene planificado mantener el préstamo.

Es importante determinar cuáles factores son indispensables en su día a día y cuáles podría disminuir para así estar financieramente mejor organizado y evitar colocar en riesgo el récord crediticio por sobreendeudamiento. Para lograr este paso con éxito, se debe elaborar un balance financiero, el cual debe incluir: sus ingresos, sus activos (ahorros, propiedades e inversiones que estén generando un flujo de caja positivo) y sus pasivos (deudas y pagos que debe realizar).

PASO 2: Búsqueda de préstamos

Buscar distintas opciones para un préstamo hipotecario es probablemente el paso más difícil, sobre todo si no está preparado. Existen docenas de tipos de préstamos con cientos de programas ofrecidos por miles de corredores hipotecarios, bancos, prestamistas, compañías financieras, cooperativas de crédito e incluso casas de bolsa.

El paso fundamental para empezar la búsqueda de opciones hipotecarias comienza con la información. Un cliente bien informado podrá ir directo a las opciones que más le convenga sin tener que dar muchas vueltas. Existe una cantidad de recursos que puede utilizar para obtener información sobre los tipos de financiamiento disponibles, lo puede hacer a través de su agente de bienes raíces, internet, seminarios, tutoriales, corredores de hipotecas y planificadores financieros. Una vez se haya informado sobre los términos, costos y tipos de opciones disponibles para obtener una hipoteca, ya está listo para ver opciones. En este paso las alternativas más comunes son:

- Puede obtener muchas más opciones.
- Los corredores de hipotecas poseen una lista de entidades crediticias aprobadas para diferentes perfiles financieros.
- Capacidad de estudiar su perfil y solicitar el préstamo en el banco que mayor se ajuste a sus características.

A TRAVÉS DE UN CORREDOR HIPOTECARIO

- Opciones limitadas.
- Alternativas con un perfil definido por la entidad bancaria. Las cuales no se adaptan al perfil financiero de quien desee invertir.

DIRECTAMENTE CON EL BANCO

Si tiene necesidades especiales de financiamiento y no encuentra un banco que se adapte a su perfil, un corredor hipotecario podría ser la opción para encontrar el préstamo adecuado. Trabajar con un corredor de hipotecas, usualmente, genera un pago de comisión por la búsqueda y ejecución del préstamo. Dicha cantidad varía dependiendo de los corredores, pero generalmente está alrededor del 2% del monto financiado.

Preguntas claves que debe realizar a la hora de buscar opciones de financiamiento:

- ¿Penalidades por pago anticipado?
- ¿Puntos?

- ¿Cuota de emisión del préstamo?
- ¿Intereses fijos o variables?
- ¿Qué documentos se necesitan para calificar?
- ¿Cuál es la duración de la hipoteca?

PASO 3: Solicitud del préstamo

La aplicación es la parte más sencilla del proceso. La institución financiera le pedirá información acerca de su empleo, estabilidad, ingresos, activos, pasivos, préstamos a largo plazos, entre otros factores importantes para determinar su capacidad financiera. El prestamista solicitará un informe crediticio donde se estipula su puntaje de FICO (medida del riesgo de crédito). La información obtenida en dicho reporte se hace a través de las agencias de consumidores más importantes: *Equifax, Experian & TransUnion*. Adicionalmente, el prestamista le solicitará una lista de documentación la cual incluye: carta de empleador o certificación de ingresos por un contador público, recibos de pago, estados de cuentas bancarios, declaraciones de impuestos sobre la renta, contratos de alquiler, comprobantes de seguros, referencias personales, bancarias y comerciales, entre otros.

En caso que la aplicación no sea satisfactoria, se debe analizar cuáles fueron los elementos que produjeron la negación del crédito de manera que se puedan mejorar para una futura solicitud de financiamiento. Diversas instituciones bancarias cuentan con programas para mejorar el manejo del récord crediticio de manera de tener mayor posibilidad de una aprobación de préstamo.

Es muy importante conocer qué debe evitar al momento de solicitar un financiamiento bancario, ya que se podría poner en peligro la emisión del préstamo:

7 ERRORES QUE DEBES EVITAR ANTES DE APLICAR PARA LA APROBACIÓN DE UNA HIPOTECA

Modificar
su trabajo

Cambiar de banco o cerrar
sus cuentas bancarias
existentes

Hacer depósitos
que no pueda justificar

Realizar compras
importantes a crédito

Movilizar dinero dentro
de los 60 días antes de la
aplicación

Cambiar
de residencia

Mentir en la aplicación
de la hipoteca

PASOS PARA REALIZAR UNA COMPRA CON FINANCIAMIENTO

Precalificación
bancaria

Ubicación de
la propiedad

Firmar el contrato
de compra-venta

Solicitud
de préstamo

Avalúo de la
propiedad

Período de compromiso
bancario: 30 días

Protocolización:
45 - 60 días

TIPOS DE FINANCIAMIENTO

Existe un sin fin de programas disponibles los cuales cambian constantemente según la dinámica financiera y la competitividad entre los bancos y agencias gubernamentales.

PRÉSTAMOS PARA RESIDENTES

FHA: es un tipo de préstamo el cual es asegurado por la Agencia Federal de Vivienda (*Federal Housing Administration* – FHA por sus siglas en inglés) dentro del Departamento de Vivienda y Desarrollo Urbano de Estados Unidos (HUD por sus siglas en inglés). El FHA básicamente lo que hace es proveer protección a los bancos prestamistas a través del seguro hipotecario (MIP – *Mortgage Insurance Premium*) en caso que el prestatario no cumpla con sus obligaciones. Los programas actuales de FHA están diseñados para ayudar a las personas con un récord crediticio que no cumpla los requerimientos del préstamo convencional.

Características del programa:

- Inicial: 3.5% mínimo.
- Puntaje FICO mínimo: 580.
- Monto máximo de préstamo: $345,000.00.
- Vida del préstamo: programas de 15 o 30 años.
- Ocupación: vivienda principal.
- El programa acepta regalos de familiares para completar la inicial.
- Requieren seguro de hipoteca MIP.
- Permite contribución del vendedor para los gastos de cierres.
- Casas unifamiliares, townhouses con lote y bloque, o condominios aprobados por FHA.
- Mayor flexibilidad para calificar.

CONVENCIONAL: es un tipo de préstamo el cual no está asegurado por ninguna agencia gubernamental. Por lo tanto, los bancos asumen más riesgos y son más estrictos en la calificación del cliente. Los financiamientos convencionales pueden ser con tasas de interés fijas o variables.

Características del programa:

- Inicial: 5 - 20%.
- Puntaje FICO mínimo: 680.
- Monto máximo de préstamo: $453,100.00.
- Vida del préstamo: programas de 15 o 30 años.
- Permite contribución del vendedor para los gastos de cierres.
- Inicial menor al 20% requiere seguro de hipoteca PMI.

REQUISITOS GENERALES PARA LA APROBACIÓN DE UN CRÉDITO HIPOTECARIO (RESIDENTES)

- Declaración de impuestos de los últimos 2 años.
- Últimos 3 meses de recibos de pago de nómina.
- Planillas W-2 o 1099 de los últimos 2 años.
- Copia de la licencia de conducir o ID.
- Últimos 2 meses de estados de cuenta bancarios.
- Reporte crediticio y aplicación de crédito.

FINANCIAMIENTO PARA EXTRANJEROS

Características del programa:

- Inicial: 35-50% (fondos en el exterior).
- Los intereses dependen de muchos factores, usualmente son

parecidos a los que se calcularían a un residente de Estados Unidos.

- Generalmente créditos con intereses fijos por 5 años prorrateados a 30 años.
- Cantidad mínima de préstamo: entre $100,000.00 a $150,000.00.
- Demostrar un mínimo entre 6 a 24 meses de reservas, dependiendo del banco y el programa disponible.
- Ejemplos de bancos: BAC, Banco do Brasil, Florida Home Trust, entre otros.
- Tipos de programas: 3, 5 y 7 años de intereses fijos.
- Tipos de pagos: principal más intereses o interés solamente.
- Características de pago: sin penalidades por prepago, es decir, pueden cancelar el préstamo completo o hacer pagos adicionales sin ningún tipo de penalidad.
- Título: opción de colocar el título de la propiedad bajo persona jurídica (corporación o LLC) o persona natural.

REQUISITOS GENERALES PARA LA APROBACIÓN DE UN CRÉDITO HIPOTECARIO (EXTRANJEROS)

- Completar aplicación de crédito.
- Copia de pasaporte y visa vigente para ingresar a E.E.U.U.
- Prueba de residencia actual de su país de origen: recibos de agua, luz, teléfono, gas o cable indicando nombre y dirección de su residencia primaria.
- Carta (original) de ingresos de su contador (si es independiente) o de su empleador (si es empleado) indicando: nombre de la empresa, ingreso bruto anual de los últimos dos años y el año en curso. En caso que la carta provenga de un contador se debe adjuntar la licencia del mismo, su teléfono y dirección.

- 2 cartas (originales) de referencia bancaria indicando: nombre del titular de la cuenta, fecha de apertura (mínimo dos años), número de cuenta y confirmar que la cuenta ha sido manejada correctamente desde el inicio de sus operaciones. También debe incluir el membrete del banco indicando teléfono y dirección de la sucursal, nombre de la persona que firma y su cargo.

- Página web y tarjeta de presentación de la compañía indicando: nombre de la empresa para la que trabaja y/o si es dueño indicando: nombre de la empresa, nombre personal, posición, dirección de la oficina, números de teléfono, página web y correo electrónico.

- Copia de sus últimos 3 meses de estados de cuenta en E.E.U.U. Los extractos de cuentas deben incluir: número de cuenta completa, nombre del titular y todas las páginas pertenecientes.

- Copia de los cheques y/o transferencias dados al vendedor o compañía de título como anticipo junto al extracto bancario mostrando la transacción de este pago.

- Cheque anulado de donde desea que se auto debiten los pagos de su hipoteca.

- Copia de su contrato de compra-venta totalmente ejecutado.

- Si la propiedad se adquiere a nombre de una corporación, se requiere una copia de lo siguiente:

  - *Articles of Incorporation.*
  - *Shares / Stocks Certificates* (ejecutados).
  - *By-Laws / Operating Agreement* (según corresponda).
  - *Corporate Resolution.*
  - *Tax ID Number.*
  - *Certificate of Good Standing* (si aplica).

Cabe destacar que el mercado hipotecario es muy dinámico y de cambios constantes. Cada caso es diferente y por lo tanto se debe estudiar la información particular a través del banco o corredor de hipoteca. Cada prestamista tiene la capacidad de ser más complicado o más flexible con la calificación dependiendo de las opciones de financiamiento disponibles en el momento de la solicitud del préstamo. Siempre se debe consultar con un especialista de financiamiento cuáles son los términos y opciones que se ajustan a su perfil.

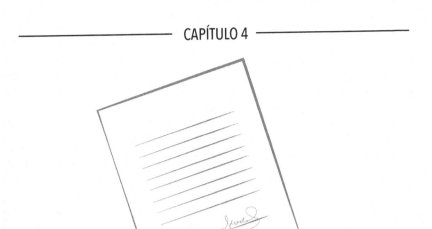

CAPÍTULO 4

OFERTA DE
COMPRA-VENTA EXITOSA

E star en manos de un profesional que ofrezca una asesoría detallada es la base para una experiencia de compra gratificante. En definitivo, la oferta inmobiliaria, es uno de los pasos medulares para que el resto de la transacción se lleve a cabo eficientemente.

Para asegurarse que la oferta esté redactada de la forma correcta se sugiere contar con la asesoría de un agente inmobiliario quien lo asistirá junto a su equipo de profesionales, desde el proceso de búsqueda del inmueble hasta la protocolización. Una vez seleccionado el inmueble, el paso siguiente es realizar una oferta al dueño de la propiedad.

¿QUÉ ES UNA OFERTA?

Es un contrato unilateral mediante el cual una de las partes, en este caso el comprador, realiza una promesa u ofrecimiento al vendedor a cambio de un acto: la aceptación explícita del ofrecimiento. La oferta va más allá del precio a ofertar, este acto envuelve puntos y condiciones adicionales muy importantes que se deben predeterminar antes de realizar el ofrecimiento.

¿CÓMO SE COMPONE UNA OFERTA DE COMPRA-VENTA?

- Partes involucradas: vendedor y comprador.
- Dirección del inmueble en venta.
- Descripción legal del inmueble.
- Artículos incluidos.
- Precio a ofrecer por parte del comprador.
- Depósito de buena fe, el cual será consignado en la cuenta de fidecomiso de la compañía de título o abogado encargado de realizar la protocolización.
- Fecha de cierre.
- Términos.
- Contingencias.

Entre otros aspectos importantes:

- ¿Cuál es la motivación o razones del propietario para vender su inmueble?
- ¿Los períodos establecidos para solicitar el crédito hipotecario, inspecciones, contingencias financieras y fecha de cierre están previstos de modo que pueda cumplirlos?
- ¿A quién pertenece el inmueble? ¿A una corporación, una

sucesión, a una persona natural o a una persona extranjera?

- ¿El inmueble está habitado por un inquilino?

Conocer las respuestas a las interrogantes anteriores y plasmarlas en una oferta de manera certera, tendrá como resultado llevar a cabo una negociación justa y eficaz en favor de las partes. De igual manera, esto conlleva asumir las implicaciones de suscribir un contrato en los Estados Unidos puesto que, a partir de la aceptación del mismo, éste será de obligatorio cumplimiento.

4 PASOS PARA FORMALIZAR LA OFERTA

PASO 1: Determinar el precio de la propiedad

Una vez se encuentre el inmueble que se ajusta a sus necesidades, ahora ¿Cuáles es el próximo paso? ¿Cómo saber cuál es el precio justo para ambas partes? Su asesor inmobiliario, especializado en la zona y tipo de mercado, debe estar en la capacidad de usar las herramientas necesarias para determinar el precio justo, tomando en cuenta las siguientes consideraciones:

- Análisis comparativo de mercado.
- Condiciones de la propiedad.
- Oferta y demanda.

PASO 2: Presentar la oferta al vendedor

La forma en que se presenta una oferta puede ser determinante para la aceptación de la misma. Debe contar con la suspicacia de un asesor inmobiliario experimentado que tenga la capacidad de posicionar su oferta como la mejor, por encima de cualquier otra propuesta que el vendedor tenga sobre la mesa.

46

Aspectos que debe incluir el acuerdo de compra - venta:

- Precio, términos y condiciones de compra.
- Fecha de cierre (protocolización).
- Fecha límite para que el vendedor acepte y firme su oferta.
- Contingencias: financiamiento, avalúo, inspecciones, aprobación del condominio, entre otros.

Si el vendedor acepta y firma su oferta inicial, automáticamente se convierte en un contrato vinculante.

PASO 3: Negociación de la oferta

Muchas veces, el vendedor contraoferta su propuesta, solicitando un precio más alto o cambios en los términos de la misma. En ese caso, el corredor, representando al vendedor, le enviará a su asesor inmobiliario la contraoferta indicando los cambios que desea realizar al ofrecimiento inicial.

En ese momento usted tiene varias opciones: aceptar la contraoferta, rechazar la contraoferta y desvincularse de la compra o renegociar los nuevos términos. Cada vez que se hace un cambio a una oferta/contraoferta cualquiera de las partes tiene la opción de aceptar, rechazar o renegociar la contraoferta.

PASO 4: Convertir la oferta en un contrato de compra-venta vinculante

Una vez que ambas partes estén de acuerdo en el precio del inmueble y los términos de adquisición, la oferta se ejecuta, es decir, se firma e inicializa cualquier cambio por ambas partes. En ese momento ya existe un contrato de cumplimiento obligatorio. Los días estipulados en el contrato empiezan a correr desde el día efectivo del mismo.

Recuerde que el acuerdo de compra-venta, en la mayoría de los casos, está sujeto a ciertas contingencias que deben cumplirse, de lo contrario, puede prescindir del mismo sin penalidad sobre su depósito de buena fe mientras cumpla los términos y los tiempos estipulados. Es altamente recomendable la asesoría de un abogado de bienes raíces el cual determinará sus obligaciones contractuales y su capacidad para cancelar el acuerdo basado en alguna de las contingencias estipuladas.

3 CONSEJOS PARA CREAR UNA OFERTA COMPETITIVA

1. **Tener toda la documentación lista:** antes de ver la primera propiedad se debe estar preparado con respecto a la documentación necesaria para poder colocar una oferta. Si la compra se realiza a través de un financiamiento, es imprescindible contar con la carta de preaprobación bancaria. Si la compra es de contado, es necesario la prueba de fondo que muestre como mínimo el monto a ofrecer más los gastos de cierre. De esta forma, cuando se encuentre la propiedad adecuada, se podrá proceder a colocar una oferta inmediatamente en vez de perder la oportunidad porque otro comprador haya ofertado más rápido.

2. **Ofrezca el valor justo por la propiedad:** la dinámica del mercado inmobiliario cambia constantemente. Sin embargo, lo que se mantiene es la forma de determinar el precio de la oferta a través de factores tales como: comparables, condiciones físicas del inmueble, oferta y demanda. Si realmente le interesa la propiedad, no se arriesgue colocando una oferta muy baja para ver qué pasa, haga su mejor oferta de una vez. Determine con su asesor inmobiliario cuál es el mejor ofrecimiento, considerando precio y términos objetivos para ambas partes.

3. **Elimine o reduzca las contingencias:** una de las mejores formas de

colocar su oferta en una posición difícil de rechazar es cuando elimina o reduce las contingencias. Para eso debe estar realmente seguro que quiere adquirir la propiedad y que está en la capacidad de cumplir con todos los términos.

El proceso de la presentación, negociación y aceptación de la oferta es uno de los más emotivos durante el desarrollo de la adquisición, sobre todo, si el comprador está enamorado de la propiedad. Es importante mantener la calma y no desanimarse. Antes de realizar el ofrecimiento debe tener muy claro cuáles son sus límites en cuanto a precio y términos. De igual manera, debe darle prioridad a lo que realmente es importante y ser más flexible con los términos que no son tan relevantes y que pudiera dejar a un lado para que se dé la negociación.

En toda negociación de bienes raíces hay dos partes involucradas y ambas quieren obtener el mejor resultado para sí misma. Sin embargo, se debe tomar en cuenta la posición de la otra persona y buscar una solución favorable para todos, una negociación "ganar-ganar". El acompañamiento y asesoría de un corredor inmobiliario experimentado será la clave para mantener una negociación objetiva basada en el mercado y en las condiciones justas para las partes.

CAPÍTULO 5

SEGUROS PARA LA PROTECCIÓN DE LA PROPIEDAD

L os seguros de protección y las coberturas para resguardar las responsabilidades del dueño son una parte muy importante a la hora de comprar un inmueble y muchas veces se toman a la ligera. Es imperativo que los dueños de bienes raíces conozcan cuáles son las ventajas de tener al día las pólizas de seguro y las desventajas de no estar protegido a la hora de un siniestro.

A continuación, un resumen de los detalles más importantes con información obtenida por la agencia de seguros en Miami *Eckert Insurance Group, INC* y el Estado de la Florida: Departamento de Servicios Financieros en sus guías Asegurando su Casa. Guía del Consumidor (2008) y Seguro de hogar una caja de herramientas para los consumidores (2018):

COBERTURA BÁSICA

Según la compañía que elija, obtendrá uno de los muchos paquetes básicos de seguros en la Florida para proteger su hogar y sus pertenencias. Cada paquete protege contra un número específico de peligros o eventos que causan daños a la propiedad tales como fuego, huracanes o robo.

Cuatro categorías se aplican a los peligros cubiertos:

- Estructura (la vivienda).
- Otras estructuras (casetas y cercas).
- Pertenencias (el contenido de las estructuras).
- Gastos por no poder usar la casa (o gastos adicionales para subsistir - *Additional Living Expense* – ALE por sus siglas en inglés).

COBERTURAS ADICIONALES

Exclusión de ordenanza o ley: su agente de seguros deberá ofrecerle esta cobertura. Si no la desea, deberá firmar un formulario para indicar su rechazo. Algunas compañías incluyen automáticamente esta cobertura por una cantidad limitada.

Si a causa de una ordenanza de construcción local o ley, el costo de reparación o reemplazo de su vivienda aumenta, la compañía de seguros no pagará la cantidad extra necesaria a menos que usted haya agregado esta cobertura de ordenanza o ley a su póliza.

Cobertura contra vientos: la mayoría de las pólizas para propietarios de casas cubren los daños causados por los vientos, huracanes y granizo, pero las compañías de seguros pueden excluir dicha cobertura en las áreas de alto riesgo.

EL CAMINO EXITOSO HACIA SU PROPIEDAD EN MIAMI

La compañía de seguros Citizens ofrece sus servicios en zonas consideradas de alto riesgo (por ejemplo: casas en la playa) y a aquellos consumidores que no encuentran cobertura en el mercado privado. Sin embargo, la póliza de Citizens puede tener restricciones especiales de cobertura para los muebles del patio, las parrillas, cercas y otros artículos en el exterior de la vivienda durante el azote de un huracán.

Deducibles de huracanes: la Ley de Seguros Económicos y Disponibles ofrece a los propietarios una amplia selección de deducibles. Estos dependen del valor de la propiedad asegurada y sólo se aplican a las reclamaciones por daños causados por huracanes, los cuales tienen que haber sido declarados por el Servicio Nacional Meteorológico.

En consecuencia, puede que tenga que pagar los deducibles de su bolsillo si los daños ocurren:

- Durante el período de aviso o alerta de huracán emitido en cualquier parte de la Florida.
- Hasta 72 horas después de terminado el aviso o alerta.
- En cualquier momento en que existan condiciones de huracán en el Estado.

Es importante contar con la cobertura correcta desde un principio, ya que las agencias de seguro no emitirán cobertura nueva o adicional luego de la declaración de amenaza de una tormenta tropical o que se haya publicado un aviso de huracán por parte del estado de la Florida. La temporada de huracanes es durante 1ero de junio hasta 30 de noviembre. Para más información sobre las opciones de seguro de alto riesgo puede llamar a la línea gratuita de ayuda al consumidor al 1-877-MY-FL-CFO (1-877-693-5236), visitar la página web del DFS en www.MyFloridaCFO.com; llamar a Citizens al 1-888-685-1555 o ingresar en www.citizensfla.com.

Exclusiones por moho: algunas compañías han comenzado en los últimos tiempos a excluir de sus pólizas los daños causados por el moho y los hongos. Unas ofrecen un nivel de cobertura adicional por un pago extra y otras limitan la cantidad a pagar.

Hundimientos y colapsos de tierra catastróficos: según una legislación reciente, las compañías de la Florida no están obligadas a incluir la cobertura contra hundimientos de tierra en las nuevas pólizas de casas, pero sí tienen que informarles a los propietarios de viviendas que pueden asegurarse contra estos eventos con una cobertura extra, pagando una prima adicional.

Las compañías de seguro, sin embargo, deben incluir cobertura contra colapsos de tierra catastrófico en casos específicos como:

- Derrumbe repentino del suelo.
- Depresión del suelo que se nota a simple vista.
- Daño estructural al edificio, incluyendo los cimientos.
- En caso de que la estructura asegurada sea declarada en ruina y una agencia gubernamental autorizada por la ley exige la desocupación de la estructura.

Consultar con su agencia de seguro cuál es la cobertura que le corresponde según su póliza.

¿CUÁNTA COBERTURA DEBE ADQUIRIR?

No tenga en cuenta sólo el precio de compra de la casa, la cantidad de la hipoteca o la cantidad asignada por el tasador de impuestos a la propiedad o el agente de seguros. Para tener una cobertura adecuada, su casa debe estar asegurada por la cantidad que requerirá reconstruirla a los precios actuales, incluyendo el costo necesario para cumplir con los códigos vigentes de construcción.

Consulte con su agente de seguros, con un contratista licenciado o un tasador de propiedad certificado para que le ofrezcan un estimado detallado. Esta es la única forma de garantizar una cobertura adecuada en caso de pérdida.

Si su casa está asegurada por debajo de la cantidad necesaria en el momento de una reclamación, le pueden aplicar una penalidad o reducir la cantidad que la compañía de seguros pagará por esta pérdida. Confirme con su agente los límites y exclusiones de su póliza.

PAQUETES DE SEGUROS

A continuación, las diferentes opciones de coberturas básicas de seguros disponibles en la Florida para los dueños de casas, unidades en condominios y de alquiler.

La póliza básica para propietarios es un paquete que se puede modificar, pero la cobertura de la vivienda, las estructuras adyacentes, el contenido, la responsabilidad personal y los pagos médicos, por lo general, no se pueden eliminar del paquete básico.

Seguros para su hogar: los tres paquetes que se ofrecen con mayor frecuencia a los propietarios que residen en casas unifamiliares incluyen el Formulario Extenso HO-2, el Formulario Especial HO-3 y el Formulario de Cobertura Modificada HO-8. Estas pólizas aseguran su propiedad y sus pertenencias contra un determinado número de peligros, mientras más cubra su póliza más pagará por ella. Estos pueden incluir:

- Incendio o relámpagos.
- Tormentas de viento o granizo.
- Explosiones.
- Motines o desórdenes civiles.
- Aeronaves.
- Vehículos.
- Humo.
- Vandalismo o actos de mala fe.
- Robo.
- Caída de objetos.
- Peso de hielo, nieve o aguanieve.
- Descargas accidentales, desbordamientos de agua o vapor.
- Roturas, agrietamientos, quemaduras o abultamientos repentinos.
- Congelamiento.
- Daños accidentales y súbitos causados por la corriente eléctrica.
- Erupciones volcánicas.

Según el Estatuto de la Florida, los aseguradores deben poner a disposición del dueño de la póliza la opción de excluir la cobertura para las pertenencias (los objetos personales contenidos dentro de la vivienda), si el asegurado declara por escrito que no quiere esta cobertura.

Las pólizas para los dueños de casas varían en la amplitud de su cobertura, en el precio y el servicio al consumidor según la compañía de seguros seleccionada. Es importante revisar con su agente sus necesidades de seguro y comparar las coberturas ofrecidas por otras compañías antes de tomar una decisión. El formulario Especial (HO-3), el más popular y más amplio de los formularios para propietarios de casa, cubre su hogar contra todo lo que no esté específicamente excluido.

Seguro de inquilino o arrendatario: el seguro de inquilino o arrendatario (HO-4) asegura el contenido de su vivienda contra todos los peligros incluidos en el Formulario Extenso (HO-2). También incluye la cobertura de responsabilidad personal ante terceros.

Seguro en los condominios: el Formulario de Dueño de Unidad de Condominio (HO-6) protege la propiedad y ciertos artículos de los peligros incluidos en el Formulario extenso (HO-2) de la póliza de la asociación pero que no cubre las unidades individuales. También incluye cobertura de responsabilidad personal. La asociación del condominio puede escoger la cobertura de ciertos elementos en su póliza.

Asegúrese de conocer y familiarizarse con los reglamentos del condominio para saber hasta dónde llega la responsabilidad de la asociación. Si tiene dificultad en obtener copias de estos documentos, llame al Departamento de Negocios y Regulaciones de la Florida, División de Ventas de Terrenos, Condominios y Casas Móviles (*Florida Department of Business and Professional Regulation, Division of Florida Land Sales, Condominiums and Mobile Homes*) al 850 - 488 -1122.

La póliza de la asociación de condominio no cubre en su unidad:

- Piso, paredes y revestimiento del techo.
- Instalaciones eléctricas.
- Electrodomésticos.
- Equipos de aire acondicionado y calefacción.
- Calentadores de agua.
- Filtros de agua.
- Gabinetes empotrados y mostradores.
- Tratamientos de ventanas, incluyendo cortinas, persianas y reemplazo de herrajes.
- Compresores de aire acondicionado que sirven a una sola unidad.

Las asociaciones de condominios pueden exigirles a los dueños de unidades que aseguren ciertos artículos como las puertas de entrada y los portales cubiertos. Además, los dueños de las unidades deben asegurar las adiciones y remodelaciones interiores que no sean del mismo tipo o calidad que las originales del edificio. Si un artículo está cubierto por ambas pólizas, la de la asociación y la de la unidad, entonces la póliza de la asociación paga primero. Este cambio también afecta la cantidad de cobertura necesaria para el edificio bajo la póliza del dueño de la unidad. Por eso es tan importante revisar la póliza con su agente de seguros para cerciorarse de que tiene la cobertura adecuada.

Las asociaciones de condominios pueden imponer un recargo (assessment) a los dueños de unidades, individualmente, por daños causados en las áreas comunes que no están cubiertos por la póliza de la asociación. La póliza de su unidad puede ofrecer cobertura limitada para la "pérdida por recargo impuesto por la asociación". El recargo impuesto por la asociación del condominio para pagar el deducible de la póliza maestra de la asociación, no está cubierto por su póliza de dueño de unidad.

El alcance y la cantidad de la cobertura por este tipo de pérdida varían según la compañía de seguros, de modo que debe revisar esta cobertura con su agente de seguros.

Su institución de préstamo: la mayoría de las compañías que financian su hipoteca exigen en el contrato de préstamo que tenga un seguro para proteger los intereses de la compañía en su propiedad. La institución hipotecaria puede requerir que la compañía aseguradora mantenga un nivel específico entre las compañías que hacen las valoraciones.

Su prestamista es tan beneficiario como usted en caso de pérdida y continuará en esa posición mientras tenga intereses en su propiedad, es decir, mientras usted esté pagando la hipoteca. Esto significa que, si hay una pérdida, la compañía de seguros emitirá los cheques de pago por reparaciones a la casa a su nombre, como asegurado, y a nombre de la compañía hipotecaria. El prestamista tiene los mismos derechos al cheque emitido por la compañía de seguros para garantizar que se realicen las reparaciones. Por eso un funcionario de la compañía hipotecaria también tiene que endosar el cheque emitido por la compañía de seguros. El prestamista le informará acerca de estas estipulaciones.

Para proteger sus intereses financieros, el prestamista deposita el dinero en una cuenta de depósito en garantía (escrow). Un tercero mantiene el dinero hasta que se cumpla con ciertos requisitos. Durante este proceso, el prestamista pagará por las reparaciones cuando hayan terminado. Es importante que le dé al prestamista una copia de la oferta hecha por el contratista y cuánto necesita para empezar a hacer las reparaciones.

Asegúrese de pedir y guardar los recibos de todos los gastos. Cuando se completan las reparaciones, el prestamista tiene que pagar el resto de los gastos. No pueden usar la cantidad que quede para cubrir el balance de su préstamo.

Es posible que la compañía de seguros le escriba cheques por separado para cubrir el valor de sus artículos personales y otros gastos adicionales. Si no es así, el prestamista debe enviarle el dinero del pago hecho por la compañía de seguros que no tiene nada que ver con las reparaciones de la casa. Si cree que su institución financiera está reteniendo pagos que legalmente le corresponden, llame gratis a la Oficina de Regulación Financiera al 1-850-487-9687.

Seguro obligatorio para el inmueble: si no puede obtener o pierde el seguro, la institución financiera puede comprarlo por usted, ya que los contratos de préstamo así lo exigen. Sin embargo, tome en cuenta que las primas para esta cobertura son muy costosas. La póliza usualmente sólo cubre la estructura, no sus artículos personales; o tal vez, la póliza sólo cubre el balance que queda del préstamo.

Seguro privado para hipoteca: la mayoría de los propietarios conocen esta clase de seguro bajo las iniciales: PMI. Este seguro protege a la institución que hizo el préstamo contra la posibilidad de que el prestatario no haga los pagos. Esto sucede cuando la inicial del préstamo es menor al 20% del valor de la propiedad. Este seguro le ayuda a calificar para una hipoteca con una inicial más baja.

Seguro de vida para su hipoteca: este seguro liquida su hipoteca si usted fallece. El costo depende del valor de su hipoteca, el tiempo seleccionado para completar los pagos y una tabla especial de cálculos.

Esta cobertura se puede obtener tanto para usted como para su cónyuge en el mismo contrato y el pago se hace cuando uno de los dos fallece, es decir, el sobreviviente es el beneficiario. El seguro de vida para hipoteca puede ser muy favorable y económico para este propósito, pero tal vez requiera tener un buen récord de salud para comprar una póliza. Como en cualquier póliza, es recomendable revisar lo que existe en el mercado antes de elegir la mejor opción para cubrir sus necesidades.

Cancelación de la póliza: las compañías de seguros tienen un plazo de hasta 90 días para decidir si usted cumple con los requisitos que estipulan sus directrices. En este período, la compañía de seguros deberá avisarle 20 días antes de cancelar la póliza, excepto en el caso de no haber pagado la prima, entonces el aviso será de 10 días. Después de 90 días su compañía de seguros podrá cancelar su póliza si:

- No paga la prima.
- Deliberadamente da información falsa en su solicitud.

- No cumple con las directrices de la compañía.
- Si aumenta los riesgos a través de nuevas actividades o mejoras en la propiedad.

Por cualquier otra razón que no sea incumplimiento de pago de prima, la compañía de seguros deberá avisarle 120 días antes de cancelar la póliza. Las compañías de seguros siempre pueden optar por no renovar su póliza. Este proceso también requiere un aviso de 120 días.

Si cancela su póliza, obtendrá un reembolso de la prima por el período de tiempo que no recibirá los servicios, menos un 10% de penalidad. Sin embargo, cancelar su póliza puede violar los términos de su contrato de hipoteca. Si cambia su póliza o su compañía, asegúrese de que la póliza anterior esté en efecto hasta que comience la nueva, para que no se quede sin cobertura ni un solo día.

TEMAS CONTABLES A CONSULTAR CUANDO REALICE SU INVERSIÓN

La materia impositiva en los Estados Unidos es de naturaleza compleja y de modificaciones constantes, por lo tanto, la recomendación es consultar con un especialista en el área. La información suministrada a continuación tiene como único propósito ilustrar ciertos procesos y no debe tomarse como asesoría legal.

Con el fin de facilitar una guía de forma general en los temas contables que podrían afectar su inversión, en este capítulo entrevisto a dos licenciados en contaduría.

TÍTULO DE PROPIEDAD Y SUCESIÓN JUNTO A ROBERTO GONZÁLEZ - *GONZÁLEZ AND PARTNERS CPAS, LLC.*

A través de todos los años que llevo desarrollándome como asesora en bienes raíces, la mayoría de los clientes extranjeros que he conocido tienen muchas dudas sobre cuál es la estructura más adecuada para obtener el título de propiedad de su inversión. Este punto es bastante controversial porque tienden a escuchar diferentes opiniones de diversos tipos de profesionales y a su vez de amigos, conocidos y familiares que muchas veces no suelen proporcionar información correcta.

Teniendo en cuenta que cada caso es completamente diferente y que las condiciones personales, familiares y el tipo de inversión a realizar juegan un papel vital para tomar una decisión, Roberto González (2016) indicó que "un extranjero debería tener una estructura de empresas si va a invertir en inmuebles en E.E.U.U. para tratar el impuesto de sucesión. La estructura puede variar dependiendo del monto de inversión, tiempo de la inversión y/o si la persona piensa emigrar a los Estados Unidos años más tarde".

Por lo tanto, según González (2016), no es recomendable que se tenga propiedades a nombre propio, a no ser que exista una razón específica como en el caso de estudiantes o diplomáticos; y aun así habría que considerar el impuesto de herencia.

TIPOS DE AGRUPACIONES COMERCIALES MÁS COMUNES EN ESTADOS UNIDOS

Tomando en cuenta esta recomendación y entendiendo que lo mejor es siempre consultar con un contador o abogado especializado en clientes internacionales, González también listó los tipos de agrupaciones comerciales más comunes en Estados Unidos que pueden establecer los extranjeros en cualquier estado:

- LLC - *"Limited Liability Company"* (equivalente a una Sociedad de Responsabilidad Limitada).

- Inc. o Corp. – *"Corporation"* (empresa equivalente a una Sociedad Anónima).
- Asociación *"Partnership"*.
- Empresas fuera de E.E.U.U. "Offshore".

Por mi experiencia, la mayoría de clientes incorporan uno de los dos tipos de entidades más comunes, que son una corporación o una LLC, de esta manera se presentan las diferencias que existen entre estos dos tipos de estructura de acuerdo a información facilitada por el Departamento de Administración de Pequeños Negocios en Estados Unidos *(U.S. Small Business Administration):*

	CORPORACIÓN	LLC
 **IMPUESTOS**	- **Doble tributación:** paga impuestos la corporación y los dividendos de los socios deben ser declarados en los impuestos personales.	- **Conocida como entidad de paso:** los miembros pueden transferir sus ganancias y pérdidas a los impuestos personales.
 **FORMALIDADES**	- Mantener una minuta de las decisiones importantes. - Registrar los votos de los asociados. - Se requiere una reunión al año en el estado en donde la compañía fue incorporada.	- LLC no requiere las formalidades de la Corp. - No está obligada a crear estados financieros que detallen su estatus.
 **ESTRUCTURA**	- **Estructura ya establecida que debe seguirse:** Asociados -Directores. Oficinistas o Empleados. - Los propietarios de Corp. no pueden participar en el manejo de las actividades diarias de la compañía.	- Los miembros pueden encargarse de los asuntos diarios de la empresa o contratar a terceros para el manejo de la misma.

 **CONSIDERACIONES**	- Las corporaciones siguen existiendo sin importar quién sea el dueño. - Corporación C generalmente se sugieren para compañías ya establecidas y con una nómina alta de empleados.	- Una LLC podría disolverse de manera automática si un miembro retira su capital o vende parte del negocio.
 **VENTAJAS**	- Responsabilidad limitada, por lo general, los accionistas solo pueden considerarse responsables de su inversión en acciones de la compañía. - Capacidad de generar capital a través de la venta de acciones.	- Responsabilidad limitada, los activos personales de los miembros, por lo general están exentos de demandas o deudas de la LLC. - Más flexibilidad en la operación, menos papeleo y registros.
 **DESVENTAJAS**	- Corporación C es una entidad separada, por lo tanto, generalmente aplica la doble tributación. - Las Corp. requieren más tiempo y dinero para ser operadas.	- Duración limitada a la continuidad de los miembros. - El costo de incorporación es más elevado que el de una corporación.

En muchos de los países de Latinoamérica, crear una corporación o una compañía de responsabilidad limitada es un proceso tedioso y generalmente requiere presencia física ante el ente gubernamental, sin embargo, en el caso del Estado de la Florida, no es necesario estar físicamente para constituir una empresa.

El proceso de incorporación es mucho más sencillo de lo que muchas personas pueden imaginar y solo con los hechos de que una empresa en el Estado de la Florida no necesite determinar el objeto o servicio de la compañía o empresa y que tampoco se tenga que pagar el aporte por capital, hacen que el proceso sea mucho más beneficioso.

De acuerdo con la información suministrada por González, los requisitos necesarios para conformar una empresa son los siguientes:

- Nombre de la empresa que se va a formar.
- Dirección en E.E.U.U.
- Copias de los pasaportes y visas de los accionistas.

De este modo, siempre se va a necesitar una dirección en Estados Unidos, preferiblemente en el estado en que se forme la empresa.

Una de las diferencias entre la Corporación y la Sociedad de Responsabilidad Limitada (LLC), es que las LLC, en mucho de los casos, están acompañadas de un acuerdo operacional, el cual, en palabras de González, es un compromiso entre los miembros de la compañía de responsabilidad limitada (LLC) que explica los derechos y obligaciones de los miembros, razón por la cual muchos estados en los E.E.U.U. requieren una LLC para tener un contrato de funcionamiento.

Sobre este concepto, el contador indicó lo siguiente sobre las características del *operating agreement*:

"Toda sociedad de responsabilidad limitada que opera sin un acuerdo de funcionamiento, se rige por las reglas predeterminadas del Estado, contenidas en el estatuto pertinente y desarrollado a través de decisiones de los tribunales estatales. Un convenio de funcionamiento es similar en función a estatutos sociales, o un pacto de colaboración en múltiples miembros del LLC".

"En las LLC de un sólo miembro, un acuerdo de operación es una declaración de la estructura que el usuario ha elegido para la empresa y a veces se utiliza para probar en la corte que la estructura de LLC es independiente de la del propietario individual. Este documento es necesario para que el propietario pueda probar que él o ella es de hecho independiente de la propia entidad".

"Las sociedades de responsabilidad limitada son muy flexibles en la naturaleza y el acuerdo operativo entre los miembros (los derechos, facultades y atribuciones del gerente). Esto incluye las cuentas de capital, intereses, membresía, distribuciones de beneficios y la responsabilidad fiscal imputada, sólo para nombrar unos pocos. Este documento interno es un convenio establecido por los miembros de la compañía que contiene disposiciones para artículos críticos y reglas que dirigen la compañía. Los acuerdos operativos pueden ser modificados en cualquier momento por los miembros de la compañía o gerentes", indicó González en cuanto al acuerdo operacional.

Partiendo del principio que los compradores extranjeros deben contar con una persona con domicilio local para poder incorporar una compañía en Estados Unidos, encuentra importancia el concepto de agente registrado suministrado por González (2016):

"Un agente registrado es una persona designada para recibir oficialmente y enviar documentos legales en nombre de una entidad comercial, como una sociedad de responsabilidad limitada (LLC) o una corporación. Esta persona debe inscribirse en el estado en el que esté establecida la empresa. Los artículos de la organización (LLC) o la escritura de constitución (corporación) deben designar el agente registrado junto con una dirección física (no un apartado de correo). Además, esta persona es quien recibe las notificaciones oficiales, incluyendo notificaciones de pleitos o de impuestos estatales. Si está ejecutando un pequeño negocio, usted puede ser su propio agente registrado, mientras que, si una o más personas están manejando un negocio juntos, una de ellas, por lo general, se designa para representar esta figura".

Para finalizar el tema de estructuras y entidades legales contables, González respondió a una de las preguntas que más les preocupa a los inversionistas extranjeros sobre cómo resguardar su patrimonio al momento de una sucesión:

"Hay varias estructuras que se pueden usar para tratar el impuesto de sucesión a la persona extranjera en E.E.U.U. Es altamente recomendable que el inversionista extranjero sea asesorado por un contador público certificado que conozca acerca del impuesto sobre la renta y de sucesión a la persona extranjera, antes de la inversión", planteó el contador especializado en el área.

IMPUESTOS JUNTO A ADRIANA MORENO - WXC CORP.

Uno de los errores más comunes que comenten los clientes, sobre todo los internacionales, es no cumplir con las leyes y regulaciones tributarias por falta de conocimientos y de asesoría. Cada caso es diferente y las leyes impositivas cambian constantemente, por lo tanto, es muy difícil para un contador poder brindar una asesoría general en un tema tan extenso, complicado y personal.

La recomendación primordial es contar con asesoría personalizada de un contador con experiencia, sin embargo, desde una visión muy general y solo a modo ilustrativo, sin en ningún momento pretender sustituir la asesoría o brindar consejo legal, Adriana Moreno (2016) de WXC Corp. respondió a estas preguntas que tienden a ser las más comunes:

1. **¿Cuáles son los impuestos que afectan un bien inmueble, tanto como persona natural o persona jurídica?**

   Los impuestos a la propiedad se pagan al condado si el dueño es persona natural o jurídica.

2. **¿Se deben realizar declaraciones de impuesto sobre la renta como extranjero?**

   Las regulaciones del IRS indican que todas las personas que reciban un ingreso en Estados Unidos deben presentar sus declaraciones de impuesto sobre la renta y pagar la cuota si les corresponde, así sean extranjeros.

3. **¿Existe alguna manera de minimizar estos impuestos?**

   La manera de reducir la base gravable es incluyendo los gastos autorizados por la ley, de los cuales se deben tener los soportes respectivos.

4. **¿Cuál es el porcentaje estimado que se debe pagar de impuestos sobre la ganancia a la hora de vender una propiedad?**

   Eso depende del valor de la ganancia y si el dueño es personal natural o jurídica.

5. **¿Cómo se calcula la ganancia a la hora de la venta?**

El costo de la propiedad, los gastos de cierre y reparaciones mayores versus el valor de venta y gastos de cierre.

6. **¿Qué gastos se pueden deducir de las declaraciones de impuestos?**

Se pueden deducir todos los gastos relacionados con la propiedad tales como mantenimiento, intereses, impuestos, limpieza, comisiones, viajes, entre otros.

7. **¿Cómo se puede manejar o reducir la retención de FIRPTA siendo un vendedor extranjero?**

Si el vendedor tiene Tax ID de Estados Unidos se puede solicitar la reducción de la retención mediante un trámite ante el IRS demostrando que el impuesto de ninguna manera sería más del monto sujeto a retención.

RECOMENDACIONES

Cada caso resulta muy particular y personal, es por esto que la información de este capítulo pretende ser una guía que no sustituya la asesoría de un contador o especialista en el área pero que sí acompañe y haga mucho más fácil el conocimiento de las estructuras y conceptos que abarcan los distintos temas contables y de impuestos al comprador o inversionista que desea adquirir una propiedad en Miami. Consulte con un contador y/o abogado especializado cuáles serían las implicaciones legales y tributarias que pudiera afectar su inversión inmobiliaria.

CAPÍTULO 7

PARA EXTRANJEROS:
¿QUÉ DEBEN TENER EN CUENTA?

Los clientes internacionales constituyen una gran parte de los compradores en el Estado de la Florida. Desde el año 2007, la Asociación Nacional de Realtors (NAR, por sus siglas en inglés) conduce una encuesta para medir las ventas de bienes inmuebles en Estados Unidos a clientes extranjeros. En el año 2017 las ventas internacionales representaron $24.2 billones en un período de 12 meses.

Actualmente, Florida es el destino favorito de los clientes extranjeros para la compra de propiedades. Según la estadística más reciente de la NAR, Florida obtuvo el 21% de todos los compradores internacionales dentro de Estados Unidos.

DATOS SOBRE LOS COMPRADORES EXTRANJEROS

Información suministrada por la Asociación Nacional de Realtors (Estadísticas 2017)

61,300

propiedades residenciales
fueron adquiridas en
Florida por clientes
internacionales

$259,400

fue el precio medio
de las propiedades
compradas por
extranjeros

68%

compraron con el
propósito de tener una
propiedad para vacacionar,
alquilar o ambos usos

15%

de los compradores
de la Florida fueron
internacionales

72%

de las compras se
realizaron de contado

49%

compraron condominio
o townhouse

Distribución de compradores internacionales:

Latín América y el Caribe **34%**

Europa **23%**

Canadá **22%**

Asia y Oceanía **10%**

**5 PRINCIPALES PAÍSES
QUE COMPRARON EN
LA ZONA METROPOLITANA
DE MIAMI - FORT-LAUDERDALE
- WEST PALM BEACH:**

19%
Canadá

9%
Argentina

9%
Brasil

8%
Venezuela

7%
Colombia

Los clientes internacionales pueden optar a la adquisición de un inmueble en Estados Unidos incluso con financiamiento. Los términos pueden ser un poco más exigentes para un comprador extranjero en cuanto se refiere a: inicial *(down payment)*, tasas de interés, intereses fijos o variables, tiempo para cancelar el préstamo, entre otros.

Un cliente internacional debe ser aún más cauteloso que un comprador o vendedor radicado en el estado de la Florida, especialmente si la propiedad que adquiere es a título personal. Por este motivo, la recomendación es la asesoría de un equipo de profesionales en todos los ámbitos que envuelven la compra-venta de un bien inmueble.

Una de las implicaciones tributarias que aplica a los clientes extranjeros es la

Ley de Impuestos sobre la Inversión Extranjera de Bienes Raíces (FIRPTA por sus siglas en inglés), por lo tanto, es esencial la asesoría de un agente inmobiliario experimentado que trabaje de la mano de profesionales en materia impositiva y legal especializados en compradores internacionales.

FIRPTA

Es la Ley de Impuestos sobre la Inversión Extranjera de Bienes Raíces, la cual fue aprobada por el Congreso de Estados Unidos en el año 1980. Esta ley permite gravar las ganancias de los extranjeros sobre la venta de bienes raíces u otros bienes inmuebles.

PROPÓSITO DE FIRPTA

FIRPTA está diseñada para evitar que los propietarios extranjeros vendan sus inmuebles en Estados Unidos y se lleven sus ganancias a otros países, fuera de la jurisdicción del Servicio Interno de Impuestos (IRS) sin haber pagado el impuesto correspondiente sobre la ganancia de la venta.

IMPACTO DE FIRPTA

FIRPTA impacta desde el punto contable, ya que el día del cierre, la compañía de título, por ley, debe retener el 15% del valor de venta del inmueble, dependiendo del caso el porcentaje de retención puede cambiar. Por ejemplo, un inversionista extranjero vende su propiedad por un monto de $350,000.00, en el momento de la protocolización el agente de cierre (compañía de título o abogado) retendrá $52,500.00 en una cuenta especial llamada "depósito en custodia" (*escrow account*) y dentro de los primeros 20 días, después del cierre, remitirá dicho monto al Servicio Interno de Impuestos (IRS).

El vendedor tiene el derecho a recuperar la diferencia entre el monto que le corresponde pagar de impuestos sobre la ganancia versus el monto retenido el día de cierre.

Cabe destacar que si el inversionista no obtuvo ganancia sobre el bien inmueble de igual manera se debe realizar la retención. Lo recomendable en estos casos es contratar los servicios de un contador que lo guíe durante este proceso y determine si es conveniente realizar un *Withholding Certificate* (Certificado de Retención) para obtener el reintegro correspondiente de manera anticipada.

¿POR QUÉ SE RETIENE EL 15%?

Este es el porcentaje fijado por el Gobierno para asegurarse de que se cubrirá la obligación tributaria. Es importante entender que la obligación tributaria real no se conoce al momento de la protocolización.

¿HAY ALGÚN TIPO DE EXCEPCIÓN A ESTA LEY?

Existen varias excepciones a la obligación de retención o reducción del porcentaje a retener, por lo tanto, es importante la asesoría de un profesional en la materia que lo ayude a determinar si existe alguna excepción que le aplique en su caso.

Tenga en cuenta que incluso, si se cumple con alguna de las excepciones, el vendedor sigue siendo responsable del pago de cualquier impuesto adeudado por la venta.

Su asesor de bienes raíces debe estar en la capacidad de explicarle los términos generales de esta ley y referirlo a un especialista en la materia, que establezca una adecuada planificación para que usted goce de una transacción inmobiliaria segura y con éxito, desde su inicio hasta el día de cierre.

Las transacciones inmobiliarias en donde esté involucrada FIRPTA deben manejarse con sumo cuidado por personas profesionales y conocedoras de la materia. Es importante que todas las partes involucradas, tanto comprador como vendedor, estén al tanto de las implicaciones de esta ley, ya que la falta de comunicación o el manejo incorrecto puede producir consecuencias fiscales importantes para ambas partes. La ley responsabiliza al comprador de realizar la retención, es decir, que el comprador pudiera ser responsable por el dinero que se dejó de retener en la protocolización.

Una vez más se recalca que la materia impositiva, en los Estados Unidos, es de naturaleza compleja. Por lo tanto, siempre se recomienda consultar con un especialista en el área. La información suministrada tiene como único propósito ilustrar de manera general sobre de la Ley de Impuestos sobre la Inversión Extranjera de Bienes Raíces no busca de ninguna manera sustituir la asesoría de un abogado o contador y esta información no debe tomarse como asesoría legal.

5 CLAVES PARA MAXIMIZAR SU NEGOCIO INVERSIONISTA EXTRANJERO

Durante los años de experiencia dentro del mercado inmobiliario he conocido cientos de inversionistas extranjeros. Generalmente, los clientes internacionales cometen errores a la hora de comprar propiedades en el sur de la Florida por la falta de conocimiento sobre los procesos, el mercado y las leyes que pueden afectar su inversión. Frente a esto, una recomendación es seguir estas 5 claves que lo ayudarán a maximizar su inversión:

1. **Buscar asesoría profesional:** el error más común es no buscar la ayuda de un profesional. La asesoría de un agente licenciado, profesional y con experiencia es indispensable durante el proceso de compra-venta ya que sus conocimientos serán de gran valor para respaldar el éxito de la

negociación. La asesoría del corredor inmobiliario, por lo general, no tiene ningún costo para el comprador, por el contrario, es de gran ayuda tener al lado a un profesional velando por sus intereses. Es por este motivo, según las estadísticas de la Asociación Nacional de Realtors, que 88% de los compradores utilizaron los servicios de un agente inmobiliario durante 2016, y esta cifra se ha repetido constantemente durante los últimos años.

2. **Conocer las implicaciones tributarias y legales:** el segundo error más común es asumir la igualdad de mercado. En Estados Unidos el mercado inmobiliario y las implicaciones tributarias y legales se manejan muy diferente al resto de países. Por lo tanto, estar bien informado y asesorado sobre dichas implicaciones es primordial para que pueda adquirir el inmueble de la mejor manera basado en su perfil. Para lograr este paso, una vez más la ayuda de un buen agente de la mano de profesionales en materia impositiva y legal es la mejor forma de realizar una inversión exitosa.

3. **Evaluar la opción de comprar a través de financiamiento:** los clientes internacionales, en su mayoría desconocen que pueden optar a préstamos para la adquisición de inmuebles. Es recomendable analizar si un financiamiento es conveniente para cumplir sus metas de inversión dentro de Estados Unidos. Un préstamo pudiera darle la oportunidad de crecer su portafolio de inversión exponencialmente y a su vez si la propiedad fue adquirida como inversión, el ingreso de alquiler le ayudará a pagar los gastos y reducir la deuda con el banco.

4. **Invertir a largo plazo:** el mercado dentro de Estados Unidos funciona totalmente diferente y nos brinda ventajas como la seguridad jurídica y realizar una inversión en moneda dura para así proteger su patrimonio, sin embargo, la inversión se debe realizar pensando que es a largo plazo. Todo

mercado sano pasa por ciclos y en Estados Unidos los inmuebles no son la excepción. Por lo tanto, es importante saber cuándo comprar y cuándo vender. Para poder tener esa flexibilidad de ajustarse a los ciclos, en un principio se debe invertir pensando que la propiedad se va a mantener en el tiempo, de manera que se pueda sostener la inversión lo suficiente para poder generar plusvalía.

5. **Contar con una compañía de administración para el manejo de la propiedad:** es muy común pensar que la inversión rendirá mejor fruto mientras menos gastos genere, en este sentido, muchos de los clientes extranjeros optan por no contratar los servicios de una compañía de administración de propiedades para evitar ese costo mensualmente. En realidad, el costo mensual que representa el pago de administración de un inmueble es ínfimo comparado con la cantidad de percances que pueden surgir si la propiedad no está siendo manejada correctamente. Un manejo adecuado que se encargue de la relación con el inquilino, llevar los pagos al día y el mantenimiento físico del inmueble pueden ahorrar miles de dólares en falta de pago de canon, demanda de abogados por incumplimiento de las cuotas del condominio, miles de dólares en reparaciones que se hubieran podido evitar, entre otros.

Para los clientes extranjeros es importante contar con un profesional, en el cual tenga plenamente confianza. Si eligió al agente inmobiliario correcto, este ha debido invertir tiempo, conocimientos y dedicación para lograr una negociación exitosa en donde velar por sus intereses como cliente sea el objetivo principal.

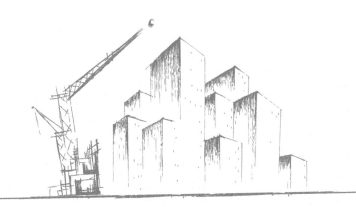

CAPÍTULO 8

INVERSIÓN
EN PREVENTA

A ctualmente, el sur de la Florida está repleto de nuevas construcciones. Prácticamente todos los nuevos desarrollos inmobiliarios se venden con anterioridad en planos, a través de un proceso inicial de reserva dentro de la llamada "preventa". Muchos de estos desarrollos pueden convertirse en una oportunidad de inversión interesante, sobretodo, si se adquieren en el momento correcto y con la mentalidad de mantener en el tiempo, a largo plazo. Sin embargo, no todos los proyectos en planos son una buena inversión. El inversionista debe analizar cautelosamente el proyecto, quién es el constructor, los acabados del mismo, la competencia, entre otros factores a considerar.

Desde la crisis económica vivida durante el año 2008, los desarrolladores cambiaron sus reglas de preventa buscando un mercado menos especulativo. Numerosos inversionistas ganaron mucho dinero en años pasados cuando adquirían una propiedad en el período de reserva y luego hacían una venta anticipada. En este momento las ventas anticipadas están prohibidas. El comprador debe reservar, luego firmar el contrato de compra-venta y finalmente cerrar la propiedad a su nombre. En otras palabras: el contrato no es transferible.

Otra de las diferencias importantes de la compra en preventa durante el boom inmobiliario de los años 2000 a la actualidad, es la cantidad de depósito que el promotor solicita para participar en la compra del bien inmueble. Anteriormente, se podía reservar una unidad con montos ínfimos, generalmente menos del 10%, y adicionalmente se podía vender antes del cierre. En estos momentos la mayoría de los promotores tienen una estructura de depósitos más sólida en donde el comprador se compromete a pagar entre un 20% y hasta un 90% de la propiedad antes de la protocolización. Lo positivo es que nos genera compradores más serios, comprometidos con su inversión y menos especulación.

Los desarrolladores venden las propiedades por etapas y, a medida que van abriendo nuevas, van ajustando los precios. En este sentido, generalmente el mejor momento para comprar en preventa es durante la lista: *friends and family* que sería equivalente a la lista cero de precios. Es muy común que los constructores retengan inventario durante el proceso de construcción del proyecto ya que de esa forma pueden ofrecer una disponibilidad saludable y controlar la diversidad de inventario. En teoría, debería haber disponibilidad de diferentes tipos de apartamentos durante todo el período de construcción.

La mayoría de los desarrollos se venden en el proceso de preventa a través de reservaciones, eso quiere decir que sólo existe una intención por parte del comprador de adquirir la propiedad y una intención por parte del desarrollador de construir el proyecto, pero realmente no hay ningún compromiso de las partes. Esto sería equivalente a una prueba de mercado.

El desarrollador saca un producto en preventa para estudiar la demanda del mismo y los potenciales compradores que se animen a reservar, en la mayoría de los casos, son quienes obtienen los mejores precios del proyecto. Los constructores están dispuestos a vender su inventario inicial, generalmente, a un precio menor que el resto de la disponibilidad. En muchos casos, el desarrollador necesita financiamiento para completar el proyecto y el requisito más común del prestamista es que el constructor ya tenga vendido cierto porcentaje del desarrollo. Una vez que el proyecto este avanzado, por lo general, disminuye la disponibilidad y puede traer como consecuencia un alza en el precio.

Durante el período de reserva, se puede rescindir de la intención de comprar la propiedad y el depósito será reintegrado en un 100%. Una vez se firme el contrato de compra-venta ya deja de ser una intención y pasa a ser un compromiso de compra en donde se debe cumplir a cabalidad con todas las cláusulas establecidas en el mismo.

Para el beneficio del comprador, las leyes del Estado de la Florida estipulan un período de rescisión, para los edificios, en los cuales tiene hasta 15 días después de firmar el contrato para revisar el mismo y cancelar la compra sin dar ninguna explicación. Durante esos 15 días el depósito es 100% reembolsable. De igual manera, es importante una vez más la asesoría de un agente experimentado y adicionalmente leer extensivamente el contrato de compra-venta de la mano de un abogado de bienes raíces para estar al tanto de las cláusulas establecidas en el mismo. Este término no aplica para las casas unifamiliares o casas adosadas.

Cuando se firma un contrato de preventa, debe estar seguro de que podrá adquirir la propiedad con fondos propios. La gran mayoría de los contratos de nuevos desarrollos son en efectivo *(Cash Deal)*, eso quiere decir que no existe contingencia de financiamiento, no están sujetos a la obtención/aprobación de una hipoteca. El constructor permite solicitar un préstamo, pero en caso que sea negado, el comprador es responsable de pagar el inmueble en su totalidad. De lo contrario, el promotor podrá disponer del depósito.

Otro aspecto importante que debe saber a la hora de adquirir un inmueble en preventa, es que el contrato es unilateral, por lo tanto es el desarrollador quien proporciona el contrato y establece todas las reglas. En la gran mayoría de los casos, el comprador no puede hacer ningún cambio al mismo. Es recomendable siempre la asesoría de un abogado de bienes raíces para estar al tanto de todos los términos que se debe cumplir de forma obligatoria.

La gran mayoría de los contratos de preventa estipulan una fecha de cierre estimada, sin embargo, le dan al constructor el beneficio de que entregue la propiedad en 2, 3 o 5 años, dependiendo del contrato, después de la fecha de cierre inicial. Si se está comprando la propiedad para vivir o requiere empezar a ver los beneficios de la inversión a la brevedad posible, se debe estar consciente que el constructor puede atrasarse el tiempo que especifique el contrato y no podrá rescindir del mismo.

Basado en la experiencia, uno de los puntos claves para una transacción de preventa exitosa es contar con un buen asesor inmobiliario y un desarrollador de renombre y trayectoria que respalde el proyecto.

CAPÍTULO 9

¿CUÁLES SON LOS GASTOS ASOCIADOS A LA COMPRA DE UN INMUEBLE?

Los gastos de cierre son costos relacionados con la protocolización, proceso conocido como "registro". En todas las transacciones de compra-venta en bienes raíces asumimos un coste de cierre que incluye pago de registro, título, seguro de título, cargo de la compañía encargada de efectuar el cierre de la transacción y, en caso de financiamiento, los costos relacionados por emitir una hipoteca.

Cuando se está adquiriendo una propiedad a través de un préstamo, se debe considerar los gastos de cierre como una parte importante de la inversión inicial y, por lo tanto, estar preparado para asumir una cantidad de importes adicionales por emitir un financiamiento.

Los costos de cierre dependen de si la propiedad se está adquiriendo en efectivo, a través de un financiamiento o si es una construcción nueva.

A continuación, un estimado que detalla, a forma ilustrativa, los gastos basados en las opciones de compra. Cada caso es diferente por lo tanto la recomendación es siempre consultar con el asesor inmobiliario:

Compra de contado: se calcula un aproximado entre 1.5 - 2% del valor de la propiedad lo cual incluye los costos de registro de título, seguro de título, estampillas y cargo de la compañía de título por realizar el cierre, entre otros.

Compra con financiamiento: si la adquisición se realiza a través de una hipoteca, los gastos de cierres son aproximadamente entre 4 - 6% del valor de la propiedad lo cual incluye costos de registro más los cargos del banco por emitir el préstamo. La diferencia entre el porcentaje de gastos de cierre depende de muchos factores, los cuales incluyen la institución financiera (todos los bancos y/o gestores de hipotecas cobran diferentes montos y porcentajes por emitir el préstamo), monto de inicial y perfil financiero, entre otros elementos.

Nueva construcción: cuando se adquiere una propiedad nueva los desarrolladores cobran, en el cierre, una cuota especial denominada "cuota de impacto" (Developer Fee). Este es un cargo muy común en todos los contratos de preconstrucción.

- ¿Qué significa este cargo?: la cuota de impacto es una compensación al desarrollador por el tiempo y riesgo invertido en el desarrollo del proyecto. El porcentaje a cobrar depende del tamaño del proyecto, el costo total del desarrollo y el riesgo asociado con la construcción. Generalmente varía entre el 0.75 - 1.75% del valor del inmueble. Este costo en la mayoría de los casos incluye los siguientes gastos de registro: revisión del título, seguro de título y estampillas, entre otros pagos a terceros.

Su agente inmobiliario, en conjunto con el prestamista y la compañía de título, le deben proveer un estimado de buena fe en donde se estipula el aproximado de todos los gastos relacionados con la compra. En dicho estimado, éstos serán desglosados. A continuación, una aproximación:

INICIAL

- Monto que se aporta para reducir el principal.
- Puede ser tan bajo como 3.5% para hipotecas FHA como 50% para préstamos de extranjeros.

CARGO POR ORIGINAR EL PRÉSTAMO

- 0.75 - 2% del monto del préstamo.
- Tarifa cobrada por el banco o la compañía hipotecaria por prestar el dinero.
- Puede ser negociada si está dando una inicial considerable.
- Si está trabajando con un corredor de hipotecas, este monto forma parte de la comisión del corredor.

PUNTOS O TARIFAS DE DESCUENTO DEL PRÉSTAMO

- Pago por adelantado al banco para recibir una tasa de interés más baja.
- Cada punto cuesta 1% del saldo de la hipoteca.
- Mientras más puntos pague, menor será la tasa de interés.
- Generalmente los bancos permiten comprar hasta cuatro puntos.
- Ejemplo: obtuvo una hipoteca por $200,000.00 a una tasa de 5.75%, se podría reducir ese interés a 5.50% pagando un punto, lo cual es equivalente a $2,000.00, o reducirlo a 5.25% pagando dos puntos, es decir, $4,000.00.
- Esta es una decisión financiera que debe tomar en cuenta

dependiendo de cuánto puede costear mensualmente, si puede pagar la cuota por adelantado y de cuánto tiempo tiene pensado mantener el préstamo.

COSTO DE SOLICITUD DE PRÉSTAMO

- Application fee: $350.00- $950.00.
- Tarifa para procesar su solicitud de crédito.

INSPECCIÓN DE LA PROPIEDAD

- $150.00 - $950.00.
- Depende de las características de la propiedad.
- Es pagada usualmente por el comprador antes del cierre.
- Determina las condiciones físicas del inmueble.
- Es recomendable siempre realizar la inspección.
- El inspector verificará las condiciones con respecto a la electricidad, aire acondicionado, equipos, filtraciones, tuberías, bases de la construcción y otros factores importantes con respecto a las condiciones de la vivienda.

AVALÚO

- $250.00 - $650.00.
- Realizada por un perito licenciado.
- Determina el valor de la propiedad a los ojos del banco.

CARGO POR INFORME CREDITICIO

- $25.00 - $50.00.
- Pagado por el solicitante del préstamo.

- Se utiliza para determinar el historial de deudas y comportamiento de pagos del interesado.
- Base fundamental para que el prestamista determine si el solicitante califica o no para un préstamo hipotecario.

PRIMA DE SEGURO DE HIPOTECA PRIVADO

- Cuando la inicial es por debajo del 20% generalmente la institución crediticia requiere un seguro de hipoteca privado.
- Mientras menor sea la inicial mayor es el riesgo para el banco y menor la posibilidad de recuperar la inversión en caso de que el deudor no pueda cumplir con los pagos.

RESERVAS (FIDECOMISO)

- Solicitadas por adelantado para pagos futuros de impuestos y seguros.
- El banco prestamista retendrá los fondos en una cuenta de fidecomiso para luego cancelarlos en representación del prestatario.

REGISTRO DE ESCRITURAS

- Cuota cobrada por la compañía de título por registrar la venta en los registros públicos.

IMPUESTOS INTANGIBLES

- 0.0020% del monto del préstamo.
- Impuesto cobrado por el estado al momento del cierre.

IMPUESTOS DE ESTAMPILLA DE DOCUMENTACIÓN

- 0.0035% del monto del préstamo.
- Impuesto cobrado por el estado al momento del cierre.

PRIMA DE LA PÓLIZA DE SEGURO DE TÍTULO
(TITLE INSURANCE)

- Póliza que cubre al comprador y al prestamista en contra de cualquier defecto legal sobre el título de la propiedad.
- Pago único realizado por el comprador en el cierre.
- Este seguro es requerido por la institución crediticia.
- Tarifa establecida: $5.75 por cada $1,000.00.

INVESTIGACIÓN DE TÍTULO DE PROPIEDAD
(TITLE SEARCH)

- Verifica todos los registros públicos que involucran la legalidad del título de la propiedad.
- Determina problemas legales tales como demandas o derechos de retención.
- La investigación se lleva a cabo a través de la compañía de título o abogado que representa al comprador.

CERTIFICACIÓN DE BALANCES CON EL CONDOMINIO
(STOPPEL LETTERS)

- Aplica si la propiedad se encuentra bajo una estructura de condominio o asociación de dueños.
- Se solicita por la compañía de título durante el proceso de cierre.
- Determina los balances del actual dueño con respecto a los pagos del condominio.

- En el caso que exista una deuda por parte del vendedor es determinada en dicha certificación y cobrada por la compañía de título en el cierre.
- El costo involucrado por emisión de este documento corre por cuenta del vendedor.

PLANOS DE LA TIERRA
(SURVEY)

- Generalmente se solicita en el cierre cuando la propiedad es una vivienda unifamiliar.

CUOTA DE IMPACTO

- Construcciones nuevas.
- 0.75 - 1.75 % del precio de compra.

ARANCELES NOTARIALES

- Prorrateo de los costos, tales como facturas de servicios públicos, condominio e impuestos sobre la propiedad.
- Prorrateo de los gastos y prepagos, como impuestos y seguros, dependerán de la fecha de cierre de la propiedad.

Los gastos de cierre asociados con la compra-venta de una propiedad se cancelan al momento de cierre y estos son divulgados en la hoja de balance. Indiferentemente de que sea el comprador o vendedor, ambos son responsables por sus gastos de protocolización correspondientes. La cuota puede variar ampliamente dependiendo de la propiedad en cuestión, su ubicación y el tipo de transacción que se está llevando a cabo.

CAPÍTULO 10

PROCESO DE PROTOCOLIZACIÓN

P arte del éxito durante el proceso de inversión en el sur de la Florida, es contar con el conocimiento necesario sobre cada uno de los pasos involucrados antes, durante y después de la negociación. El proceso de protocolización juega un papel fundamental durante la compra-venta de inmuebles.

Una de las herramientas esenciales que debe tener su asesor inmobiliario es un equipo de profesionales que lo apoye. En lo que se refiere al proceso de cierre, debido a su gran importancia, me acompaña en este capítulo Judith Peraza (2015), de *Perland Title and Escrow Services*, quien explicará la función de una compañía de título durante el proceso de protocolización:

Las compañías de título se especializan en la protocolización de compra y venta de inmuebles y la emisión de la póliza de seguro de título de propiedad.

El seguro de título de propiedad, a diferencia del seguro de catástrofe e inundación, en vez de indemnizar y proteger contra daños a un riesgo futuro; indemniza, protege y asegura pérdidas futuras, pero basadas en riesgos existentes al momento del cierre o eventos pasados.

Para poder emitir una póliza de título, se debe hacer una investigación exhaustiva de la tradición del inmueble, y de esta manera determinar los riesgos potenciales y su estatus legal, con la finalidad de comenzar el saneamiento respectivo que se traduce en la eliminación de dichos riesgos, conocidos como vicios en el título *Clouds of Title*. En este acto, se establecen los requisitos de manera taxativa que deben cumplirse antes o durante la protocolización de la transacción para que la póliza comience a dar cobertura.

Este estudio de título revelará la existencia de hipotecas sobre el inmueble, demandas o querellas pendientes contra la propiedad o los vendedores, acciones o derechos de terceros sobre el inmueble, gravámenes fiscales por falta de pago de impuestos sobre la renta del vendedor, pagos morosos de los impuestos municipales/catastro o asociaciones de condominio o de vecinos, gravámenes por reclamos de herederos, entre otros. Todo lo anterior deberá ser subsanado antes de la protocolización.

Paralelamente se realizará una búsqueda sobre gravámenes, violaciones y multas municipales por pagos de servicios de agua, recolección de basura, entre otros. Algunos de los más comunes son la falta de vacunas de mascotas, la falta de mantener los arbustos podados y la falta de mantener las fachadas en buen estado.

En caso de ser una casa, se recomienda un estudio de agrimensura *(survey)* para determinar y delimitar los linderos, así como para identificar las servidumbres existentes en el inmueble.

Es imperativo que el comprador realice las inspecciones correspondientes y verifique con los récords de la ciudad *(microfilm)* para asegurarse que no exista alguna construcción ilegal.

Luego del finiquito, conocido como día de cierre, la compañía de título se encargará de hacer todos los desembolsos correspondientes, entre ellos cancelar las hipotecas existentes, pagar los servicios de los asesores inmobiliarios y liquidar al vendedor.

Si el comprador está adquiriendo el inmueble con un financiamiento bancario, la compañía de título se encargará de servir de intermediario con dicha institución y recibirá los fondos de préstamo para ser aplicados a la compra.

Una vez registrado el nuevo documento de propiedad, se volverá a evaluar la cadena de título para asegurarse de que todos los gravámenes han sido liberados y que el comprador reciba un título de propiedad libre de gravámenes e inmediatamente mercadeable. En este momento se emitirá su póliza de título indicando que la transacción ha concluido.

Si la compra es de contado no es obligatorio la adquisición de la póliza de seguro de título, pero se estará poniendo en riesgo el monto de la inversión si llegara a suceder algún inconveniente. Si la transacción es financiada, el banco le hará obligatoria la compra de la póliza. El costo es de $5.75 por cada $1,000.00.

La compañía de título, o en sus efectos un abogado de bienes raíces, es parte primordial para poder llevar a cabo una transacción inmobiliaria, por lo tanto, es importante escoger a una empresa con una amplia experiencia. Además de la verificación de título, otra de las tareas importantes de la compañía de cierre es mantener el dinero en *escrow*, lo que se denomina, a la cuenta custodia o plica la cual retendrá el dinero y/o documentos involucrados en la transacción hasta el día de cierre.

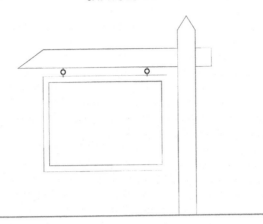

CAPÍTULO 11

VENDER SU PROPIEDAD

Vender una propiedad es una decisión importante la cual requiere planificación y asesoría. En muchas ocasiones la planificación se da tan temprano como antes de comprar el inmueble. Hacer las cosas bien desde el principio podrá evitar dolores de cabeza e incluso perdida de dinero.

Son muchas las consideraciones que se deben tomar en cuenta para poder tomar la decisión correcta, entre ellas están: conocer cuál es la motivación para vender el inmueble, cuáles son las aspiraciones de precio, cuánto tiempo se cuenta para completar la transacción, entre otros factores.

A la hora de vender una propiedad todos queremos obtener el mejor precio en el tiempo más corto. Con frecuencia, muchas personas que desean vender, cometen el error de considerar que su inmueble es el mejor en toda la comunidad y por eso a pesar de que el vecino está vendiendo por varios miles de dólares por debajo, su propiedad se va a vender más rápido y por un mejor precio. Esto es lo que en un mundo ideal todos los vendedores quieren, pero realmente existen factores muy importantes que se deben tomar en cuenta al momento de vender para acercarnos a la realidad del mercado y de los compradores:

1. **Precio de venta:** un precio correcto por su propiedad es la clave fundamental para vender. Los compradores buscan la casa adecuada, que cumpla con sus necesidades, al precio correcto. Querer listar la propiedad a un precio mayor del promedio del mercado solo lleva a perder compradores potenciales que no les va a interesar ver el inmueble porque está sobrevalorado. Es recomendable que el vendedor esté dispuesto a escuchar y entender el mercado y las recomendaciones del agente inmobiliario ya que es realmente frustrante hacerse ilusiones de venta sobre un precio irreal. Antes de que esto suceda obtenga la asesoría de un corredor con experiencia.

2. **Ubicación:** una propiedad bien situada a menudo se vende más rápido. Los compradores buscan una buena calidad de vida en una comunidad que ofrezca parques, piscinas, gimnasio, supermercados y vías de acceso rápido en los alrededores.

3. **Arreglar los detalles:** los compradores son exigentes y no van a ignorar ningún detalle por más insignificante que sea, desde una mancha en la pared, un interruptor de luz roto o sucio, en adelante. Es ideal que los compradores interesados no sientan que tienen que invertir mucho dinero arreglando el inmueble cuando con poco dinero puede lucir en perfecto estado. Una capa de pintura neutral y fresca será determinante para que la propiedad sea atractiva a los ojos de los posibles compradores.

4. **Tener en cuenta:** se compra un hogar y se vende una casa, para captar la atención de la mayor cantidad de compradores se debe despersonalizar el inmueble lo más posible sin dejar que sea un ambiente acogedor. Una bonita alfombra de bienvenida y algunas plantas para colocar en la entrada darán un toque cálido a los posibles interesados.

El objetivo es vender rápido y al mejor precio. Estos simples consejos pueden ayudar a lograr ese propósito de la mano con el agente inmobiliario, para que juntos vendan la propiedad bajo las mejores condiciones.

DATOS SOBRE LOS VENDEDORES

Información suministrada por la Asociación Nacional de Realtors (Estadísticas 2016)

La edad promedio de los
vendedores en Florida es

55 años

Con un ingreso medio
de hogar de

$93,200

El promedio de los
vendedores mantuvo el
inmueble 11 años antes de
venderlo

Los inmuebles permanecieron
un tiempo medio de 8
semanas en el mercado
antes de venderse

Las razones principales de venta fueron:

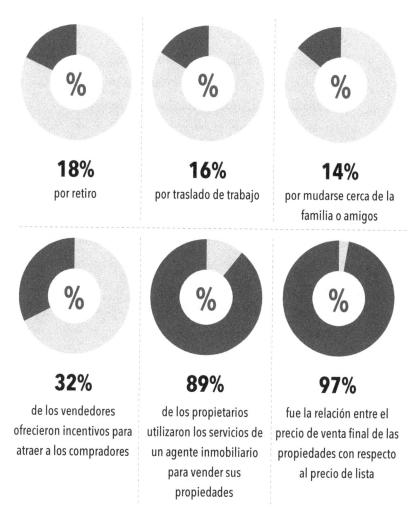

18%
por retiro

16%
por traslado de trabajo

14%
por mudarse cerca de la familia o amigos

32%
de los vendedores ofrecieron incentivos para atraer a los compradores

89%
de los propietarios utilizaron los servicios de un agente inmobiliario para vender sus propiedades

97%
fue la relación entre el precio de venta final de las propiedades con respecto al precio de lista

¿POR QUÉ ES IMPORTANTE UTILIZAR A UN ASESOR INMOBILIARIO PARA VENDER UNA PROPIEDAD?

El corredor inmobiliario trae consigo a la mesa de negociación su experiencia, conocimientos, contactos y trayectoria. Sumado a esto, existe un sin fin de ventajas competitivas que colocan en mejor posición a un vendedor que utilice los servicios de un agente inmobiliario versus a otro que trate de vender por su cuenta. Entre las ventajas más desacatadas se encuentran:

1. **Exposición:** el mundo ha cambiado considerablemente en los últimos años y el sector inmobiliario no se queda atrás. Las herramientas publicitarias del corredor son vitales para lograr un mejor posicionamiento. Mientras más exposición, más son las oportunidades.

2. **Posibilidad de generar más ganancias:** año tras año, según las estadísticas de la Asociación Nacional de Realtors, 89% de los vendedores utilizan los servicios de un corredor para vender sus inmuebles, y la razón es muy sencilla, está demostrado que un vendedor que contrata a un agente logra vender su propiedad 19% por encima del valor que hubiera obtenido sin la ayuda de este profesional.

3. **Protección a posibles problemas:** la experiencia del corredor inmobiliario será de gran utilidad durante el proceso de venta, ya que está familiarizado con las leyes, contrato de compra-venta, cláusulas a cumplir, entre otros factores, que podrían convertirse en un gran problema si no son manejados diligente y responsablemente.

TIPS DE NEGOCIACIÓN PARA VENDEDORES

- **Negociación entre las partes:** en una transacción de bienes raíces se debe buscar siempre el punto medio en donde cada una de las partes, vendedor y comprador, sientan que están obteniendo el precio justo por la propiedad.

- **Confíe en el asesor inmobiliario:** los posibles compradores, en su mayoría, van a estar representados por un corredor inmobiliario que vele por sus intereses, y el vendedor, por su parte, debe tener un agente que maneje la transacción. Los vendedores definitivamente deben permitir que su *realtor* sea quien esté involucrado directamente en la negociación con el comprador y su agente, para así poder mantener el proceso de forma impersonal. Si escogió al asesor adecuado, podrá confiar plenamente en el corredor y dejar que tome las riendas de la venta. El agente inmobiliario debe estar en la capacidad de negociar las mejores condiciones basado en el mercado.

- **Separar las emociones:** se debe evitar a toda costa llevar el proceso de venta de la propiedad de forma emocional, de esta manera se tomarán decisiones bajo una perspectiva de negocio y no basado en sentimientos.

- **Siempre realice una contraoferta:** muchas veces los vendedores se sienten insultados cuando reciben una oferta muy baja y prefieren no contestar a la misma. Sin embargo, es recomendable que no se tome la oferta personal y que haga una contraoferta, al fin y al cabo, es un comprador que está interesado en su propiedad y vale la pena tratar de llegar a un acuerdo justo para ambas partes.

- **No siempre es acerca del precio:** durante la negociación de una oferta, no siempre el precio es el único punto a discutir. Una oferta de compra-venta incluye diversos factores a considerar antes de aceptarla.Su corredor inmobiliario debe estar en la capacidad de asesorarlo sobre todos los términos y contingencias del contrato.

- **Determinar el tipo de mercado:** en bienes raíces existen dos tipos de mercados inmobiliarios: el mercado de compradores y el mercado de vendedores. Con relación a este punto converse con su agente sobre cuál es el mercado que predomina al momento que desea vender su propiedad, esto le dará una visión más amplia sobre qué puede esperar del mismo y de los posibles compradores.

- **Moverse rápido:** puede ser que una vez que consiga una oferta por su propiedad, esté tentado a esperar a que entren más propuestas. Generalmente, la primera oferta es la mejor y en algunos casos la única. Reúnase con su asesor para responder la oferta inmediatamente. De esa forma, no deja que el comprador pierda el interés por su propiedad.

- **Trabajo en equipo:** debe trabajar en colaboración con su agente para el manejo de las negociaciones con los potenciales compradores. Sus prioridades en términos de beneficios financieros, así como su monto mínimo de ganancia, deben estar determinados para que pueda avanzar fácilmente en la transacción.

LO QUE USTED NECESITA DIVULGAR A LOS COMPRADORES A LA HORA DE VENDER SU PROPIEDAD

Al momento de vender una propiedad es muy importante que el propietario comparta con los compradores potenciales su experiencia con el inmueble, virtudes o defectos del mismo.

La mayoría de los compradores optan por realizar una inspección antes de completar la compra de la propiedad, pero es deber del vendedor seguir las regulaciones estatales y federales en lo que respecta a las divulgaciones de los hechos conocidos y condiciones del inmueble. Estará a su favor comentar de antemano los posibles problemas con los compradores prospectos.

REGLAS FEDERALES DE DIVULGACIÓN

Los temas concernientes a las divulgaciones, la mayoría de veces son manejados por las regulaciones estatales, pero las leyes federales también se aplican en un área específica: pintura con plomo. Si la propiedad fue construida antes de 1978, puede contener pintura con plomo, por lo tanto, debe ser revisada por un inspector especialista en el tema y se debe completar una declaración de divulgación.

NORMAS DE DIVULGACIÓN DEL ESTADO

Las reglas estatales sobre las divulgaciones varían y cambian con frecuencia, por esto necesita la asesoría de un agente de bienes raíces que esté al día sobre los requisitos de divulgación en su área. En la Florida, se permite que los vendedores completen un formulario donde se provee una lista de datos e información sobre las condiciones de la propiedad.

Los vendedores deben estar al tanto que algunos problemas son importantes, tales como los inconvenientes con moho, fundaciones, termitas, electricidad, plomería, desperfectos de techo, entre otros. Si se ha realizado reparaciones al inmueble por alguno de estos inconvenientes, presentar los soportes de las reparaciones a los posibles compradores es la mejor forma de realizar la divulgación.

IMPACTO DE LA REVELACIÓN

La mayoría de los vendedores entienden los grandes beneficios que obtienen cuando los posibles compradores conocen las características positivas de su propiedad, tales como nuevos electrodomésticos, remodelaciones, entre otros, pero también puede ser un beneficio divulgar los defectos. Cualquier reparación que se haya llevado a cabo en la propiedad demuestra que la misma ha sido mantenida.

Es importante mantener un registro con todos los recibos e información sobre arreglos o reclamaciones a los seguros, ya que, a la hora de vender el inmueble, es recomendable demostrar que los trabajos requeridos se han realizado.

Si el propietario tiene una preocupación particular, es recomendable contratar a un inspector antes de que el agente de bienes raíces coloque la propiedad en el mercado. De esta forma tendrá una mejor idea de los defectos, cuánto costará repararlos y se tome esta información en cuenta para negociar quién debe hacer y pagar por los arreglos.

El corredor de bienes raíces debe estar en capacidad de hacer las preguntas necesarias y proveer el cuestionario que se debe llenar para divulgar toda la información acerca del inmueble. Ser sincero sobre las condiciones es la mejor manera de evitar demandas futuras.

Si es un vendedor extranjero es esencial que antes de tomar la decisión de vender el inmueble obtenga la asesoría necesaria de cuáles serían las implicaciones legales y tributarias a las cuales pudiera estar expuesto.

Sobran las razones por las cuales un vendedor debería utilizar los servicios y la asesoría de un corredor experimentado. Los conocimientos y la expertia del corredor harán del proceso de venta una experiencia satisfactoria. Trabajar con un asesor especializado es una necesidad y sin lugar a dudas, un valor agregado.

CAPÍTULO 12

ALQUILAR UNA PROPIEDAD. PERSPECTIVAS DESDE EL ARRENDADOR Y EL INQUILINO

Alquilar una propiedad conlleva un sinfín de pasos tanto para el arrendador como para el posible inquilino. Las distintas características o pasos hacen de este un proceso que requiere cuidado y asesoría para lograrlo con éxito para ambas partes.

Por esta razón, se presentan las distintas implicaciones que pueden estar involucradas en el proceso del arrendamiento de un inmueble comenzando por la perspectiva del dueño de la propiedad como arrendador.

SER ARRENDADOR DE UNA PROPIEDAD

Ser un arrendador es una tarea complicada. No sólo incluye los dolores de cabeza habituales del mantenimiento de la propiedad, sino además hay requisitos legales importantes que deben cumplirse a cabalidad. Arrendar un inmueble es un trabajo que encuentra en su proceso diferentes limitaciones y normas legales que generalmente afectan al propietario o al agente inmobiliario que está realizando la gestión. Tanto las regulaciones en la ley como los procesos que implica este trabajo, son fundamentales para finiquitar y llevar con éxito el arrendamiento de una propiedad. Sin embargo, existen ciertos errores comunes entre quienes alquilan una propiedad y que pueden evitarse.

10 ERRORES LEGALES MÁS COMUNES EN LOS QUE PUEDE INCURRIR UN ARRENDADOR Y CONSEJOS SOBRE CÓMO EVITARLOS

Como propietario, es de esperarse que se proporcione al inquilino un hogar que se considere seguro según los códigos que apliquen, en los temas de construcción, vivienda y salud. El dueño debe suministrar una propiedad habitable con techos, suelos y estructuras seguras. Es importante conocer cuáles son las regulaciones estatales y federales que debe cumplir. Ser el dueño de la propiedad, no le da derecho de cancelar los servicios públicos o ingresar al inmueble sin previa autorización. Al firmar el contrato de arrendamiento, el propietario le otorga al inquilino los derechos de posesión del inmueble.

1. **Hacer preguntas discriminatorias:** un propietario debe estar muy claro acerca de cuáles preguntas debe hacerle o no a un posible inquilino. Esto es uno de los errores judiciales más graves que comenten los arrendadores.

    La Ley de Vivienda Justa Federal prohíbe que un propietario niegue alquilar su propiedad a un inquilino por motivos discriminatorios como raza, color, religión, nacionalidad, sexo o género, discapacidad o estado familiar, es por ello que se debe evitar a toda costa realizar cualquier tipo de pregunta que pueda parecer discriminatoria o sugiera una intención de discriminación.

    Por ejemplo, hacerle una pregunta a un inquilino sobre la severidad de una discapacidad o el estado civil pueden resultar en un juicio o en una investigación del Departamento de Vivienda y Desarrollo Urbano de E.E.U.U. (HUD). Lo que sí permite la ley es que el arrendador use métodos estándar para la selección del inquilino como referencias y récord criminal.

2. **No divulgar información al posible inquilino:** uno de los errores jurídicos menos evidente es la falta de comunicación de información importante sobre la propiedad. Cada estado tiene diferentes requisitos, pero las divulgaciones comunes incluyen: notificar al inquilino si la propiedad tiene moho o si existen razones para creer que pueda tenerlo, notificación de los delincuentes sexuales que viven en la zona si el propietario tiene conocimiento al respecto, entre otros. La Ley Federal requiere que el propietario divulgue si la unidad contiene pintura a base de plomo, esto es específicamente para las propiedades construidas antes de 1978.

3. **Uso de cláusulas ilegales en el contrato de alquiler:** un contrato de arrendamiento residencial no debe contener cláusulas que violen las leyes estatales y/o federales. Por ejemplo, un propietario debe evitar el error legal de imponer una cláusula en donde el inquilino renuncie a su derecho de la devolución del depósito de seguridad.

4. **No proporcionar un ambiente seguro:** en muchos estados los propietarios son legalmente responsables por no mantener a los inquilinos a salvo de condiciones peligrosas en el inmueble o a salvo de actividad criminal.

Un propietario tiene el deber de hacer inspecciones e informar a los inquilinos de los riesgos que existen en las instalaciones, pues si un inquilino sufre daños dentro del inmueble y el dueño tenía conocimiento que la propiedad no era segura, el inquilino lesionado pudiera demandar, si aplica, y obtener una compensación del propietario. Las medidas básicas de seguridad que el propietario debe proporcionar incluyen cerraduras y una iluminación adecuada.

5. **Negarse a realizar reparaciones:** el contrato de arrendamiento debe especificar quién es responsable por las reparaciones. El propietario tiene la obligación de proporcionar una unidad en alquiler que esté apta para vivir. Una propiedad habitable deberá proveer aire acondicionado, calefacción, fontanería, gas, agua potable, electricidad, techos y suelos estructuralmente seguros.

Si una propiedad permanece en mal estado, el inquilino deberá consultar con un abogado cuáles son sus opciones, las mismas pudieran incluir: optar por solucionar el problema y deducir el costo del alquiler, mudarse o reportar la violación a un inspector de construcción del condado. No realizar las reparaciones mayores cuando el inquilino lo solicite puede resultar en una demanda contra el propietario. Antes de tomar alguna decisión o acción por falta de mantenimiento al inmueble, la recomendación es leer extensivamente el contrato de arrendamiento y a la par consultar cuáles serían sus opciones con un abogado.

6. **Desconocimiento del derecho a la privacidad del inquilino:** el inquilino tiene derecho a la privacidad. El propietario no debe entrar en la unidad de alquiler sin autorización del inquilino con un previo aviso de 24 horas por escrito o verbal. No es necesario dar aviso cuando se produce una emergencia.

7. **Hacer caso omiso a las reglas de desalojo:** cada estado tiene leyes que regulan el proceso de desalojo. El propietario tiene el derecho de desalojar a un inquilino por la falta de pago del alquiler, por no desocupar el inmueble después que se haya expirado el contrato de arrendamiento,

por una violación a las cláusulas del contrato o si el inquilino causa daños contra la propiedad que se traducen a una disminución sustancial del valor de la misma.

Antes de desalojar al inquilino, el propietario debe realizar el proceso bajo las regulaciones de la ley. Por ejemplo, dar aviso de terminación antes de presentar una demanda de desalojo. Si el propietario intenta desalojar al inquilino sin una orden judicial, éste pudiera tener el derecho de ejercer acciones para resarcir los daños causados por el arrendador. El dueño del inmueble debe contar con la asesoría de un abogado especializado en procesos de desalojo.

8. **Mantener los depósitos de seguridad:** la mayoría de los contratos de arrendamiento requieren depósitos de seguridad por parte del inquilino para cubrir daños. Una vez se haya terminado el contrato de arrendamiento si existen daños en la propiedad, causados por el inquilino, el propietario debe proveer una lista detallada de las deducciones y devolver el saldo restante del depósito.

Si el arrendador llegara a fallar en proveer la lista detallada de las deducciones y/o el reintegro del depósito, ya sea total o parcial, el inquilino puede buscar asesoría legal para reclamarle al dueño por los daños monetarios.

9. **Deshacerse inapropiadamente de la propiedad abandonada:** los artículos dejados por el inquilino dentro de la unidad una vez desocupada se deben tratar como "propiedad abandonada". El propietario debe notificarle al inquilino de cómo y dónde reclamar la "propiedad", el costo de almacenamiento y el tiempo que el inquilino tiene para reclamar dichos artículos.

Si la "propiedad" no se reclama y merece la venta, el propietario puede venderla en una venta pública después de la publicación de un aviso en un periódico local. Si la "propiedad" vale menos que la cantidad especificada por el estado, el propietario puede mantenerla o tirarla a la basura.

En el estado de la Florida, los contratos de arrendamiento contienen una provisión que les permite a los dueños disponer de cualquier "propiedad" dejada por el inquilino en la unidad arrendada. Consulte con su asesor inmobiliario para asegurarse que dicha cláusula esté debidamente inicializada por los inquilinos en su contrato de arrendamiento.

10. **Seguros inadecuados en la propiedad:** los propietarios además de asegurar la propiedad contra destrucciones causadas por desastres naturales deben también asegurarse frente a demandas presentadas por un inquilino. Este seguro es muy importante ya que cubrirá al propietario en caso de que exista algún accidente en la propiedad, casual, por descuido o incumplimiento, por ejemplo: si el propietario desaloja ilegalmente al inquilino, o si el inquilino se lesiona debido a una condición peligrosa, el seguro, dependiendo del tipo de cobertura, podría cubrir los costos de litigio y la indemnización por daños.

Muchos de estos errores se pueden evitar con la asesoría de un grupo de profesionales durante el proceso de arrendamiento, manejo de la relación del inquilino (administración de la propiedad) y un abogado de desalojo. Es importante contar con un asesor inmobiliario experimentado que esté respaldado por un buen equipo para asistir al propietario durante todo el proceso de arrendamiento.

SER INQUILINO DE UNA PROPIEDAD

Hoy en día, para muchas familias es más fácil alquilar que comprar una propiedad debido a las exigencias del banco en cuanto a los requisitos financieros y crediticios. Asimismo, es más conveniente para las familias que están emigrando a Estados Unidos, ya que alquilar, por lo menos el primer año, les da la oportunidad de conocer mejor la ciudad, adaptarse al sistema y tener un panorama más claro en cuanto a sus nuevos planes en el país. De esta manera, al momento de comprar lo pueden hacer basados en una experiencia de vida y más informados. Por esto es importante que el inmueble sea el mejor posible, que satisfaga sus necesidades y a su vez que esté dentro de su presupuesto. Al momento de alquilar una propiedad se debe tener en cuenta cuáles son los procedimientos y pasos a seguir para realizar la transacción de la mejor manera.

5 PASOS CLAVES PARA RENTAR UN INMUEBLE

1. **Analizar sus necesidades:** este paso es el primero y el más importante ya que de este análisis se obtendrán los parámetros de búsqueda. Es elemental que alquile solo el espacio necesario, trate de ser lo más práctico posible y así ahorrará la mayor cantidad de dinero. La zona que elija para vivir determinará el precio del alquiler y el estilo de vida. Dependiendo de sus necesidades personales o familiares va a requerir más o menos servicios públicos, colegios, entre otros. De manera que necesita analizar qué condiciones de vida requiere.

   Por último, teniendo en cuenta sus necesidades de espacio y ubicación, trate de ajustar esas necesidades a un presupuesto real. Una recomendación que le va a ayudar a establecer cuánto debería pagar al mes de alquiler es no gastar más del 30% del ingreso mensual familiar en el arrendamiento de la propiedad. Por ejemplo, si el ingreso familiar es $5,000.00 dólares al mes, el alquiler no debería superar los $1,500.00 dólares. De esta manera, tendrá una vida más tranquila y no tan presionada por el alto pago del alquiler.

2. **Búsqueda de propiedades:** se puede realizar a través de la ayuda de un corredor. Existen varias ventajas de trabajar con un agente, entre las más importantes se encuentran:

- Sus servicios no tienen costo hacia el inquilino.
- Cuentan con una base de propiedades muy extensa por lo cual tendrá muchas opciones.
- Ahorra tiempo al ser el agente quien busca la propiedad entre la base de datos y solo le facilita las opciones que se ajustan a sus necesidades.
- Por último, pero no menos importante, va a tener a alguien trabajando por sus intereses.

Dependiendo de la zona donde desee alquilar, generalmente existen 2 tipos de propiedades:

- La primera es una propiedad de dueño, en donde se alquila un inmueble manejado por su propietario o por una empresa de administración particular. Si el inmueble está ubicado dentro de un condominio, el inquilino debe aplicar y ser aprobado por la asociación de dueños. Generalmente, dependiendo de la zona, esta aprobación se puede tardar desde 3 días, como mínimo, hasta un mes. La mayoría de los dueños solicitan por adelantado tres meses de alquiler usualmente de la siguiente manera: primer mes, último de alquiler y depósito de seguridad.

- La segunda opción es a través de una comunidad de renta: estas comunidades son manejadas por un solo dueño, por lo tanto, el proceso de aprobación es mucho más sencillo y demora menos tiempo. Usualmente el monto de alquiler mensual es más costoso que una renta de dueños, sin embargo, requieren menos dinero de entrada.

3. **Demuestra solidez al futuro arrendador:** mientras más documentación se le pueda facilitar al arrendador que demuestre la solidez del inquilino será más fácil que la oferta sea aceptada e incluso negociar el monto de alquiler y/o las cláusulas del contrato. Entre los documentos que ayudarán a demostrar la estabilidad del inquilino están:

- Carta de referencia del empleador o balance del contador.
- Referencias bancarias.
- Carta de referencia del actual arrendador.
- Impuestos sobre la renta.
- Reporte crediticio.
- Reporte criminal.

Adicionalmente, trate de demostrar un ingreso familiar de 3 veces el monto de alquiler ya que es un común que los propietarios al momento de analizar al inquilino busquen dentro de sus prioridades uno que cumpla con ese requisito.

4. **Lea el contrato de arrendamiento:** la recomendación es que no firme un contrato sin leer y entender sus cláusulas ya que el contrato especifica cómo se va a manejar el arrendamiento, es decir: fecha de pago, días de gracia, quién es responsable por los mantenimientos y por cuáles montos, cómo se debe notificar si no se va a renovar, penalidad por rescindir del contrato,

entre otros términos. Leer y entender el contrato de arrendamiento le puede evitar dolores de cabeza durante su período de alquiler y de esa manera tener un buen término durante el contrato.

5. **Revise la propiedad detalladamente:** antes de recibir las llaves e intercambiar los cheques, debe revisar extensivamente las condiciones del inmueble y más allá de revisar se debe documentar las condiciones del mismo junto a su agente de bienes raíces. Debe dejar constancia de las condiciones actuales por escrito.

PREGUNTAS FRECUENTES QUE DEBE REALIZAR ANTES DE FIRMAR UNA OFERTA DE ALQUILER

1. ¿Qué servicios incluye el alquiler?
2. ¿En qué condiciones se va a entregar la propiedad? Por ejemplo: ¿Recién pintada y limpia?
3. ¿Cómo funciona el estacionamiento, en caso de apartamentos y villas?
4. ¿El dueño tiene intenciones de vender la propiedad mientras está alquilada?
5. ¿Quién se encarga de las reparaciones?
6. ¿La propiedad cuenta con una compañía administradora que maneje el alquiler?
7. ¿Cómo es el proceso para realizar alguna queja o notificar algún problema durante el arrendamiento?
8. ¿Se admiten mascotas? ¿Cuánto es el depósito de mascotas? ¿Es reembolsable?
9. ¿Cuánto es la penalidad por rescindir del contrato?
10. ¿Cuáles son las reglas y regulaciones del condominio, si aplica?

LIMITANTES DE LA ASOCIACIÓN DE VECINOS

Si el inmueble está ubicado dentro de un condominio o conjunto residencial que se maneje a través de una asociación de dueños es necesario solicitar una copia de las reglas y regulaciones del condominio antes de firmar el contrato de arrendamiento, ya que dichas regulaciones son de cumplimiento obligatorio y es muy común que los inquilinos incumplan las reglas sin estar al tanto que están cometiendo alguna infracción. Entre las regulaciones más comunes encontramos:

- **Restricciones con respecto a la tenencia de mascotas:** los condominios están en la posición de establecer sus reglas, por lo tanto, pueden prohibir mascotas, o algún tipo en específico de animal, el número de mascotas o incluso el peso de la misma. En varias ocasiones encontramos que la restricción de mascotas aplica solo para los inquilinos. Puede existir una excepción a esta regulación cuando la mascota es un animal de apoyo emocional, conocido como *service animal o service dog,* los cuales son mascotas entrenadas para ayudar a mejorar una minusvalía, ya sea una enfermedad, ansiedad, entre otras. La mascota debe estar registrada como un *service animal* y en muchos casos también se debe contar con un informe médico que certifique que la mascota es necesaria para mejorar una condición de salud. En caso de alguna duda con respecto a la forma que el dueño o el condominio está manejando la tenencia de un animal de apoyo emocional puede consultar sus derechos con un abogado.

- **Restricciones con respecto a los vehículos:** es muy común que el condominio limite ya sea el número o el tipo de vehículos por unidad. Generalmente, un conjunto residencial no permite un vehículo comercial en sus instalaciones, por ejemplo: un inquilino no podría estacionar dentro de la comunidad un carro estilo *pick-up* o una van con rotulaciones del servicio que ofrece.

• **Restricciones con respecto a la cantidad de ocupantes:** la asociación se puede reservar el derecho de permitir un número máximo de ocupantes por unidad dependiendo del número de habitaciones. Generalmente, estipulan un máximo de dos personas por habitación.

• **Restricciones con respecto al uso de las áreas comunes:** cada condominio establece el horario en el cual sus áreas comunes pueden ser usadas y también estipulan quienes pueden usar dichas áreas. Por ejemplo: permiten el uso de la piscina a visitantes solamente si se encuentra presente la persona responsable por la unidad, es decir, el inquilino en este caso, o en caso de menores de edad no pueden estar solos en las instalaciones del conjunto residencial sin un representante.

En el estado de la Florida las reglas y regulaciones de los arrendamientos se rigen por la Ley de propietario e inquilinos residenciales de Florida. Es importante conocer cuáles son sus derechos y obligaciones como inquilino, por lo tanto, para conocer los mismo se debe revisar el Capítulo 83, Parte II de los Estatutos de la Florida.

Cualquier persona podría estar expuesta a pasar por algún inconveniente inesperado el cual se puede traducir en la cancelación del contrato de arrendamiento antes de tiempo, sin embargo, es recomendable evitar la interrupción antes de la fecha establecida. Cada contrato especifica cuál es la penalidad o procedimiento en caso de incumplimiento, usualmente son dos opciones:

1. Pagar una penalidad por incumplimiento de contrato que generalmente representa dos meses del monto de alquiler.

2. Sin penalidad, pero el propietario puede solicitar un reclamo por daños según lo que estipule la ley que corresponda.

Revise el contrato de arrendamiento antes de firmar. Asegúrese de que podría manejar las consecuencias en caso de rescindir del mismo.

Los propietarios, en teoría, deben tener la propiedad asegurada, dependiendo del tipo de inmueble y/o su ubicación geográfica necesitará seguros adicionales, sin embargo, estos no cubren las pertenencias personales del inquilino. El seguro de inquilino cubrirá los bienes personales ante daños causados por incendios, inundaciones u otros improvistos. Es importante verificar con la agencia de seguro que tipo de cobertura ofrece la póliza, cuáles daños están incluidos y el monto límite de reembolso para objetos valiosos.

Es importante mantener una comunicación constante y por escrito con el propietario, o en sus efectos con la compañía de administración. Todas las notificaciones deben realizarse a través de correo certificado a la dirección facilitada por el dueño del inmueble. Antes de la culminación del contrato, es importante notificar sus intenciones de renovación de acuerdo con los días requeridos, si el contrato no especifica una fecha para la notificación de renovación o no renovación, se debería consultar con el propietario, por lo menos unos 90 días antes de la fecha de expiración.

Al desocupar el inmueble, por terminación del contrato de alquiler, es primordial que entregue la unidad en las mismas condiciones que fue recibida, sin contar el desgaste común por uso, lo cual se refiere como *wear and tear*. Entregar la unidad en buenas condiciones es una referencia de su comportamiento como inquilino y le ayudará a que el propietario le facilite una carta de recomendación en caso de ser necesaria.

Los servicios de un agente de bienes raíces generalmente no tienen ningún costo para el inquilino. Por lo tanto, es beneficioso aprovechar los conocimientos de un corredor experimentado que le ayude en la búsqueda y negociación de la propiedad a arrendar. Cada contrato puede ser escrito o rellenado de una manera diferente con cláusulas más o menos beneficiosas para el inquilino, esto sin contar las obligaciones que se deben cumplir según los Estatutos de la Florida, por consiguiente, es importante contar con la asesoría de un agente que le ayude a entender los términos estipulados en el arrendamiento.

GLOSARIO

ACTIVOS *(ASSETS)*: Todos los objetos de valor que posee una persona.

AGENCIA DE INFORMES DE CRÉDITO *(CREDIT BUREAU)*: Compañía que recopila información sobre consumidores que usan crédito. Estas compañías venden esa información a los prestamistas, en forma de un informe de crédito.

AGENTE DE CIERRE *(CLOSING AGENT)*: Persona que coordina las actividades relacionadas con el cierre, tal como inscribir los documentos de cierre y desembolsar fondos.

AMORTIZACIÓN *(AMORTIZATION)*: La liquidación de un préstamo durante el período de tiempo y con la tasa de interés especificados en el documento de un préstamo. La amortización de un préstamo en cada pago hipotecario incluye el pago del interés y una parte de la cantidad tomada a préstamo.

APRECIACIÓN O VALORIZACIÓN *(APPRECIATION)*: Un aumento en el valor de mercado de una casa debido a las condiciones cambiantes del mercado y/o mejoras hechas a la misma.

APRECIACIÓN O VALORIZACIÓN DE LA PROPIEDAD *(PROPERTY APPRECIATION)*: Ver Apreciación o Valorización.

ARBITRAJE *(ARBITRATION)*: Proceso empleado para resolver controversias remitiéndolas a un tercero (árbitro) imparcial y neutral. Las partes en la disputa acuerdan por adelantado aceptar la decisión del árbitro. Se celebra una audiencia en la que ambas partes tienen la oportunidad de ser escuchadas, después de lo cual, el árbitro toma una decisión.

ARRAS O DEPÓSITO DE ARRAS *(EARNEST MONEY DEPOSIT)*: Depósito que usted hace para demostrar que se ha comprometido a comprar la casa. El depósito no le será devuelto después que el vendedor acepta su oferta, a menos que no se satisfaga una de las contingencias del contrato de compra-venta.

ASBESTOS *(ASBESTOS)*: Material tóxico que se usaba en las casas como aislante y a prueba de incendio. Debido a que algunas formas de asbesto han sido vinculadas a ciertas enfermedades pulmonares, se ha dejado de usar en casas nuevas. No obstante, algunas casas viejas todavía pueden tener asbesto en estos materiales.

ASUNCIÓN *("ASSUMPTION")*: La asunción le permite a un comprador calificado hacerse cargo de su deuda hipotecaria y hacer él los pagos de la misma, aunque la hipoteca no se pueda asumir. Como resultado, usted puede vender su propiedad y evitar la ejecución hipotecaria.

BANCARROTA *(BANKRUPTCY)*: Cuando una persona es declarada legalmente incapacitada para pagar sus deudas. La bancarrota puede afectar muy seriamente a su crédito y su capacidad para pedir dinero prestado.

CAPACIDAD *(CAPACITY)*: Su habilidad para hacer los pagos hipotecarios a tiempo. Esto depende de sus ingresos y estabilidad de los mismos (historial y seguridad de empleo), sus activos, ahorros y la cantidad que le queda disponible del ingreso mensual, después de haber pagado los gastos de vivienda, deudas y demás obligaciones.

CAPITAL EN LA PROPIEDAD *(EQUITY)*: El valor de su casa por encima de la cantidad total de los gravámenes contra la misma. Si usted debe $100.000 sobre su casa, pero su valor actual es de $130.000, usted tiene $30.000 de capital en la propiedad.

CAPITAL O SUMA PRINCIPAL *(PRINCIPAL)*: La suma de dinero tomada a préstamo para comprar su casa, o la cantidad del préstamo que todavía no ha sido reembolsada al prestador. Esta suma no incluye los intereses que usted va a pagar por tomar prestado ese dinero. El saldo del capital (a veces llamado el saldo pendiente o saldo de capital no pagado) es la cantidad adeudada por el préstamo, menos lo que usted ya ha pagado.

CARGO DE LA SOLICITUD *(APPLICATION FEE)*: El cargo que cobra el prestamista hipotecario por una hipoteca para cubrir los gastos de procesamiento.

CARTA DE COMPROMISO *(COMMITMENT LETTER)*: Una carta de su prestamista en la que éste indica la cantidad del préstamo, el número de años en que se va a pagar la hipoteca (el plazo), la tasa de interés, la cuota por originar el préstamo, la tasa de porcentaje anual y los cargos mensuales.

CARTA DE REGALO *(GIFT LETTER)*: Carta que un familiar suyo escribe para confirmar que le ha dado a usted una cantidad determinada de dinero como regalo y que no la tiene que devolver. Con algunas hipotecas, usted puede utilizar ese dinero para una parte del pago inicial.

CARTA DE APROBACIÓN PREVIA *(PRE-APPROVAL LETTER)*: Carta de un prestamista hipotecario indicando que usted cumple con los requisitos para obtener una hipoteca por una suma específica. También sirve para demostrarle al vendedor de una casa que usted es un comprador serio.

CARTA DE CALIFICACIÓN PREVIA *(PRE-QUALIFICATION LETTER)*: Carta de un prestador hipotecario indicando que usted está calificado antes de comprar una casa, pero no compromete al prestador a darle una cantidad determinada de préstamo hipotecario.

CASA ABIERTA *(OPEN HOUSE)*: Cuando el agente de bienes raíces del vendedor abre al público la casa de este último. Usted no necesita un agente de bienes raíces para asistir a una casa abierta.

COLATERAL *(COLLATERAL)*: Propiedad que se da en prenda para garantizar una deuda. En el caso de una hipoteca, la garantía sería la casa y el terreno.

CONCESIÓN *(CONCESSION)*: Algo que se entrega o concede al negociar la venta de una casa. Por ejemplo, los vendedores pueden aceptar ayudar a pagar los costos de cierre.

CONDOMINIO *(CONDOMINIUM)*: Una unidad en un edificio de varias unidades habitacionales. El propietario de una unidad en condominio es dueño de esa unidad y tiene el derecho, junto con los demás dueños, a usar las áreas comunes, pero no es dueño de los elementos comunes como paredes exteriores, pisos y techos o los sistemas estructurales que están fuera de la unidad; estos son propiedad de la asociación del condominio. Por lo general, ésta carga una cuota para el mantenimiento del edificio y de la propiedad, impuestos y seguros sobre áreas comunes, así como una reserva para mejoras.

CONSULTA *(INQUIRY)*: Una solicitud para una copia de su informe de crédito. La consulta se hace cada vez que usted llena una solicitud de crédito o solicita más crédito. Demasiadas consultas en un informe de crédito pueden reducir su puntuación de crédito.

CONTINGENCIA *(CONTINGENCY)*: Un plan para algo que pudiera ocurrir, pero que no es probable que ocurra. Por ejemplo, su oferta puede incluir una cláusula a los efectos de que la compra depende de que la casa pase la inspección. Si la casa no pasa la inspección, usted está protegido.

CONTRAOFERTA *(COUNTER-OFFER)*: Una oferta hecha en respuesta a una anterior. Por ejemplo, después de que el comprador presenta su primera oferta, el vendedor puede hacer una contraoferta con un precio de venta ligeramente más alto.

CONTRATO DE COMPRA-VENTA RATIFICADO *(RATIFIED SALES CONTRACT)*: Contrato que muestra que usted y el vendedor de la casa han llegado a un acuerdo sobre su oferta. Esta oferta puede incluir contingencias sobre la compra-venta, tales como obtener una hipoteca de cierto tipo y tasa de interés, recibir una inspección aceptable, hacer reparaciones, ir al cierre en cierta fecha, y otras similares.

CORREDOR HIPOTECARIO *(MORTGAGE BROKER)*: Profesional financiero independiente especializado en reunir a prestatarios y prestamistas para facilitar las hipotecas de bienes raíces.

COSTO DE REEMPLAZO *(REPLACEMENT COST)*: El costo de reemplazar una propiedad personal dañada, sin hacer una deducción por depreciación.

COSTOS DE CIERRE *(CLOSING COSTS)*: Los costos de completar la transacción de una propiedad inmobiliaria. Estos costos son adicionales al precio de la casa y se pagan el día del cierre. Incluyen los puntos, impuestos, seguro del título de propiedad, costos de financiamiento y sumas que hay que pagar por adelantado o depositar en una cuenta de custodia, así como otros gastos. Pídale al prestamista o profesional de bienes raíces una lista completa de los costos de cierre.

CRÉDITO *(CREDIT)*: La habilidad de una persona para pedir dinero prestado, o para comprar productos para pagarlos más adelante. El crédito se extiende con base en la buena opinión y confianza que el prestamista tiene de la situación financiera del comprador.

CUENTA DE CUSTODIA O PLICA *(ESCROW)*: La retención de dinero o documentos por un tercero neutral antes del cierre de la transacción. También puede ser una cuenta abierta por el prestamista (o institución que administra el préstamo) en la cual un propietario de casa deposita dinero para pagar los impuestos y seguros.

CUENTA DE RETIRO INDIVIDUAL *(INDIVIDUAL RETIREMENT ACCOUNT-IRA)*: Un plan de ahorros con pago diferido de los impuestos para ayudar a acumular capital para la jubilación.

CUOTA PARA GARANTIZAR LA TASA DE INTERÉS *(Lock-in rate)*: Acuerdo por escrito para garantizar una tasa de interés hipotecario específica por un periodo de tiempo determinado.

CUOTA POR ORIGINAR EL PRÉSTAMO *(LOAN ORIGINATION FEES)*: Cuota pagada a su prestamista hipotecario por procesar la solicitud de hipoteca. Generalmente esta cuota se expresa en forma de puntos. Un punto equivale al 1% de la cantidad de la hipoteca.

DEPRECIACIÓN *(DEPRECIATION)*: Disminución en el valor de una casa debido a condiciones cambiantes del mercado o por la falta de mantenimiento de la misma.

DEUDA *(DEBT)*: Suma de dinero adeudada por una persona o institución a otra persona o institución.

EJECUCIÓN HIPOTECARIA *(FORECLOSURE)*: Acción judicial que da por terminados todos los derechos de propiedad de una casa cuando el propietario deja de hacer los pagos hipotecarios o, de otro modo, no cumple con las condiciones de la hipoteca.

ESCRITURA DE PROPIEDAD *(DEED)*: Los documentos legales mediante los cuales se traspasa el título de una propiedad.

ESCRITURA EN FIDEICOMISO *(DEED OF TRUST)*: Documento legal mediante el cual el prestatario traspasa el título a un tercero (fideicomisario) para que lo retenga en garantía para el prestamista. Cuando se liquida el préstamo en su totalidad, el fideicomisario vuelve a traspasar la escritura al prestatario. Si el prestatario no paga el préstamo, el fideicomisario vende la propiedad y le paga al prestamista la deuda hipotecaria.

ESCRITURA EN LUGAR DE EJECUCIÓN *("DEED-IN-LIEU OF FORECLOSURE")*: La escritura en lugar de ejecución es una cancelación de su hipoteca si usted transfiere voluntariamente el título de su propiedad a su compañía hipotecaria. Generalmente usted tiene que tratar de vender su casa por su valor justo de mercado por lo menos 90 días antes de que la compañía considere esta opción. Una escritura en lugar de ejecución no puede ser una opción si existen otros gravámenes sobre la propiedad, tales como segundas hipotecas, sentencias judiciales de acreedores o por no pagar los impuestos.

ESTADO FINAL UNIFORME HUD-1 *(HUD-1 SETTLEMENT STATEMENT):* Una lista final de los costos de la transacción hipotecaria. Indica el precio de venta y el pago inicial, así como los costos totales del cierre que tienen que pagar el comprador y el vendedor.

ESTIMADO DE BUENA FE *(GOOD-FAITH ESTIMATE):* Declaración escrita del prestatario en la que detalla los costos y cargos aproximados de la hipoteca.

EVALUACIÓN DE SOLICITUD DE PRÉSTAMO HIPOTECARIO *(UNDERWRITING):* El proceso seguido por un prestamista para determinar la aprobación de un préstamo. Requiere evaluar la propiedad, así como el crédito y la habilidad del prestatario para pagar la hipoteca.

FECHA DE CIERRE *(CLOSING DATE):* Cuando se concluye la transacción de una propiedad inmobiliaria entre el comprador y el vendedor. El comprador firma los documentos hipotecarios y paga los costos de cierre. También conocida como fecha de liquidación.

FONDOS KEOGH *(KEOGH FUNDS):* Planes de ahorros con pago diferido de los impuestos para propietarios de negocios pequeños o personas empleadas por cuenta propia que han ganado ingresos de su profesión o negocio. Las contribuciones al plan Keogh son deducibles de los impuestos sobre la renta.

FONDOS MUTUOS *(MUTUAL FUNDS):* Fondos que combinan el dinero de todos sus inversionistas para comprar una variedad de valores.

FORMULARIO UNIFORME DE SOLICITUD DE PRÉSTAMO RESIDENCIAL *(UNIFORM RESIDENTIAL LOAN APPLICATION)*: Una solicitud estándar de préstamo hipotecario que su prestamista le pedirá llenar. La solicitud le pide, entre otras cosas, sus ingresos, activos, obligaciones y una descripción de la propiedad que piensa comprar.

GARANTÍA O COLATERAL *(COLLATERAL)*: Propiedad que se da en prenda para garantizar una deuda. En el caso de una hipoteca, la garantía sería la casa y el terreno.

GARANTÍAS *(WARRANTIES)*: Las garantías por escrito de la calidad de un producto y la promesa de reparar o reemplazar gratuitamente piezas defectuosas.

GRAVAMEN *(LIEN)*: Una reclamación o cargo contra una propiedad por el pago de una deuda. Con respecto a una hipoteca, es el derecho del prestamista a asumir el título de la propiedad si usted no hace los pagos adeudados por la hipoteca.

HIPOTECA *(MORTGAGE)*: Préstamo garantizado por su casa. En algunos estados el término hipoteca también se usa para describir el documento que usted firma para traspasar el título de su casa al prestamista hasta que la pague por completo. También puede usarse para indicar la cantidad de dinero que usted tomó prestado, con intereses, para comprar su casa. Generalmente, la cantidad de su hipoteca es el precio de compra de la casa menos el pago inicial que usted da.

HIPOTECA CON TASA DE INTERÉS FIJA *(FIXED-RATE MORTGAGE)*: Hipoteca con una tasa de interés que no cambia durante todo el plazo del préstamo.

HIPOTECA DE TASA DE INTERÉS AJUSTABLE *(ADJUSTABLE-RATE MORTGAGE, ARM)*: También conocida como un préstamo de interés ajustable. Generalmente esta hipoteca ofrece una tasa de interés inicial más baja que la de un préstamo de tasa fija. La tasa de interés puede cambiar en una fecha especificada, conocida como el período de ajuste, basada en un índice publicado que sigue los cambios en el mercado financiero actual. Los índices usados para estas hipotecas incluyen el LIBOR y el de los Bonos de la Tesorería. Estas hipotecas también tienen topes o una cantidad máxima y mínima, que la tasa de interés puede cambiar en cada período de ajuste.

HIPOTECA GLOBAL *(BALLOON MORTGAGE)*: Hipoteca con pagos mensuales basados en un plan de amortización de 30 años y el saldo pendiente del capital pagadero en una suma global al final de un período específico (generalmente de 5 ó 7 años). La hipoteca contiene una opción de "reajuste" de la tasa de interés a la tasa actual del mercado y de establecer una prórroga para la fecha de vencimiento, siempre y cuando se cumplan ciertas condiciones.

HISTORIAL DE CRÉDITO *(CREDIT HISTORY)*: Registro del uso del crédito, que incluye una lista de las deudas individuales del consumidor y una indicación sobre si las pagó o no, puntualmente o "en la forma acordada". Las instituciones de crédito han creado un documento detallado con su historial de crédito, al cual se le llama el Informe de Crédito.

INCUMPLIMIENTO *(DEFAULT)*: Cuando no se cumple una obligación legal. El incumplimiento incluye la falta de pago de una obligación financiera, pero también puede ser por no haberse realizado una actividad o servicio sin valor monetario. Por ejemplo, cuando se arrienda un auto generalmente el arrendatario tiene que darle el mantenimiento debido al mismo.

ÍNDICE *(INDEX)*: El índice publicado de tasas de interés utilizado para calcular la tasa de interés de una hipoteca de interés ajustable. El índice suele ser un promedio de las tasas de interés cobradas por un tipo determinado de valores mobiliarios, como el LIBOR.

INDULGENCIA DE MOROSIDAD *("FORBEARANCE")*: Su prestador puede ofrecerle reducir o suspender temporalmente sus pagos hipotecarios mientras se estabiliza su situación económica. La indulgencia suele combinarse con la reposición o con un plan de pagos para liquidar los pagos hipotecarios reducidos o que dejó de hacer.

INFLACIÓN *(INFLATION)*: Un aumento en los precios.

INFORME DE CRÉDITO *(CREDIT REPORT)*: Documento usado por la industria de crédito para examinar la utilización del crédito. Proporciona información sobre el dinero que usted ha pedido prestado a las instituciones de crédito y un historial de sus pagos.

INGRESO MENSUAL BRUTO *(GROSS MONTHLY INCOME)*: El ingreso que usted gana en un mes, antes de los impuestos y otras deducciones. También puede incluir el ingreso en concepto de alquileres, de empleo por cuenta propia, pensión alimenticia, mantenimiento de hijos, asistencia pública y pensiones.

INGRESO MENSUAL NETO *(NET MONTHLY INCOME)*: La paga que usted lleva a su casa después de deducir los impuestos. Es la cantidad de dinero que usted recibe en su cheque de sueldo.

INSPECCIÓN DE CASA *(HOME INSPECTION)*: Inspección profesional de una casa para determinar las condiciones de la propiedad. La inspección deberá incluir una evaluación de los sistemas de plomería, calefacción y aire acondicionado, el tejado, alambrado eléctrico, cimientos e infestación de plagas.

INTERÉS *(INTEREST)*: El costo de pedir dinero prestado. Es el pago que usted hace a un prestador por el dinero que le ha prestado a usted. El interés suele expresarse como un porcentaje de la cantidad prestada.

LEY DE VERACIDAD EN CRÉDITOS *(TRUTH-IN-LENDING ACT-TILA)*: Ley federal que exige hacer una declaración sobre la veracidad en los préstamos hechos a los consumidores. La declaración incluye un resumen del costo total del préstamo, tal como la Tasa de Porcentaje Anual, y otros aspectos específicos del mismo.

LIQUIDACIÓN CORTA O INCOMPLETA *("SHORT PAYOFF")*: Si usted puede vender su casa, pero el producto de la venta es menor que la cantidad total que debe por su hipoteca, su compañía hipotecaria tal vez acepte una liquidación incompleta y absorba la parte de su hipoteca que exceda del producto neto de la venta.

MARGEN *(MARGIN)*: Porcentaje que se agrega al índice para una hipoteca de interés ajustable, a fin de establecer la tasa de interés en cada fecha de ajuste.

MODIFICACIÓN DEL PRÉSTAMO *("LOAN MODIFICATION")*: Este es un contrato firmado entre usted y su compañía hipotecaria, mediante el cual se cambia permanentemente una o más de las condiciones originales de su pagaré para hacer más asequibles los pagos.

OBLIGACIONES O PASIVOS *(LIABILITIES)*: Sus deudas u otras obligaciones financieras.

OFERTA *(OFFER)*: Propuesta formal del comprador al vendedor para comprar una casa.

OPCIÓN DE PAGO INICIAL BAJO *(LOW-DOWN-PAYMENT FEATURE)*: Generalmente es una opción en algunas hipotecas, con tasa de interés fija, que le ayuda a comprar una casa con un depósito inicial tan bajo como hasta de un 3%.

PAGO INICIAL *(DOWN PAYMENT)*: Una porción del precio de una casa, generalmente entre el 3% y el 20%, que no se pide prestado y que se paga por adelantado.

PERIODO DE AJUSTE *(ADJUSTMENT PERIOD)*: El tiempo que media entre los ajustes en la tasa de interés de una hipoteca de tasa de interés ajustable. Generalmente hay un período de ajuste inicial que comienza en la fecha de iniciación del préstamo, y que varía entre 1 y 10 años. Después del primer período de ajuste, los demás períodos suelen ser de 12 meses, lo que significa que la tasa de interés puede cambiar cada año.

PLAN DE AMORTIZACIÓN *(AMORTIZATION SCHEDULE)*: Proporcionado por los prestadores hipotecarios, donde se muestra, a lo largo del plazo de su hipoteca, cómo aumenta la parte del capital en el pago hipotecario, y cómo disminuye la parte de los intereses en el pago hipotecario.

PLAN DE PAGOS *("REPAYMENT PLAN")*: Éste es un contrato que le concede a usted una cantidad fija de tiempo para liquidar la cantidad que se ha retrasado, combinando una parte de los pagos vencidos con sus pagos mensuales regulares. Al final del período de pagos usted habrá pagado gradualmente la cantidad de su hipoteca que estaba en mora.

PRÁCTICAS PREDATORIAS O ABUSIVAS *(PREDATORY LENDING)*: Prácticas abusivas de préstamos que incluyen hacer un préstamo hipotecario a personas que carecen del ingreso necesario para pagarlo, o refinanciar repetidamente un préstamo, cobrando puntos y cuotas elevadas cada vez, y cargando indebidamente seguro hipotecario por un préstamo.

PRESTADOR HIPOTECARIO *(MORTGAGE LENDER)*: El prestador es quien aporta los fondos para una hipoteca. También hace la revisión del crédito y demás información financiera, y maneja la propiedad y el proceso de solicitud del préstamo hasta el día del cierre.

PROFESIONAL DE BIENES RAÍCES *(REAL ESTATE PROFESSIONAL)*: Persona que presta servicios de compra y venta de casas. El vendedor de la casa le paga al profesional de bienes raíces un porcentaje del precio de venta de la casa. A menos que usted haya firmado un contrato específicamente con un agente de compradores, el profesional de bienes raíces representa los intereses del vendedor de la propiedad. Los profesionales de bienes raíces pueden enviarlo a usted a prestadores o agentes hipotecarios locales, pero generalmente no intervienen en el proceso del préstamo.

PUNTUACIÓN DE CRÉDITO *(CREDIT SCORE)*: Cifra generada por computadora en la que se resume el perfil de crédito suyo y se predice la probabilidad de que usted pague obligaciones futuras.

PUNTOS *(POINTS)*: El 1% de la cantidad del préstamo hipotecario. Por ejemplo, si se toma un préstamo de $50.000, un punto equivale a $500.

RADÓN *(RADON)*: Gas tóxico encontrado en el terreno debajo de una casa, que puede contribuir al cáncer y otras enfermedades.

REFINANCIAR *(REFINANCE)*: Obtener una nueva hipoteca y usar una parte de los fondos procedentes de ella, o todos, para liquidar la hipoteca original.

REINSTALACIÓN *("REINSTATEMENT")*: Su prestamista puede acceder a dejarle pagar la cantidad total que se ha retrasado, en una suma alzada para una fecha específica. Esto suele combinarse con la indulgencia de morosidad, cuando usted puede demostrar que en una fecha futura específica va a disponer de los fondos de un bono, reembolso de impuestos u otra fuente. Tenga presente que podrán hacerle cargos por pago atrasado y otros costos relacionados con un plan de reinstalación.

RELACIÓN ENTRE DEUDAS E INGRESOS *(DEBT-TO- INCOME RATIO)*: El porcentaje del ingreso mensual bruto que se destina a pagar sus gastos de vivienda mensuales, pensión alimenticia, manutención de hijos, pagos de autos y pagos de cuentas de crédito renovable o indefinido, como tarjetas de crédito.

RELACIÓN DE GASTOS DE VIVIENDA *(HOUSING EXPENSE RATIO)*: El porcentaje de su ingreso mensual bruto destinado a pagar sus gastos de vivienda.

SEGURO DE TÍTULO DE PROPIEDAD *(TITLE INSURANCE)*: Seguro que protege a los prestamistas y propietarios de casas contra problemas legales con el título de propiedad.

SEGURO DEL PROPIETARIO DE CASA *(HOMEOWNER'S INSURANCE)*: Póliza que lo protege a usted y al prestamista contra incendios o inundaciones que pudieran dañar la estructura de la casa; contra responsabilidad civil, como cuando un visitante se lesiona en su casa, o daños a su propiedad personal, como muebles, ropa o aparatos electrodomésticos.

SEGURO HIPOTECARIO *(MORTGAGE INSURANCE-MI O PMI)*: Seguro necesario para las hipotecas con pagos iniciales bajos (generalmente menos del 20% del precio de la casa).

SEGURO HIPOTECARIO PRIVADO *(PRIVATE MORTGAGE INSURANCE)*: ver Seguro hipotecario.

SOLVENTE *(CREDITWORTHY)*: Su habilidad para obtener crédito y liquidar deudas.

TASA DE PORCENTAJE ANUAL *(ANNUAL PERCENTAGE RATE, APR)*: Lo que cuesta un préstamo al año. La tasa de porcentaje anual incluye la tasa de interés, los puntos, los cargos del agente y otros cargos de crédito que el prestatario tiene que pagar.

TASA HIPOTECARIA *(MORTGAGE RATE)*: El costo o tasa de interés que usted paga por tomar prestado el dinero necesario para comprar una casa.

TASACIÓN *(APPRAISAL)*: Un análisis profesional utilizado para obtener el valor estimado de la propiedad. Esto incluye ejemplos de ventas de propiedades similares.

TASADOR *(APPRAISER)*: Un profesional que hace un análisis de la propiedad, incluyendo ejemplos de ventas de propiedades similares, con el fin de determinar un estimado del valor de la propiedad. Al análisis se le llama "tasación".

TÍTULO *(TITLE)*: El derecho a una propiedad y prueba de ser dueño de ella. El título o escritura se usa algunas veces como prueba de propiedad de tierras.

TOPE DE LA TASA DE INTERÉS *(RATE CAP)*: La cantidad máxima, o límite, por la cual puede aumentar o disminuir la tasa de interés de una hipoteca de interés ajustable durante cualquier período de ajuste.

VALOR DE MERCADO *(MARKET VALUE)*: El valor actual de su casa basado en lo que pagaría un comprador. Algunas veces se usa el valor determinado por una tasación para establecer el valor de mercado.

VALOR REAL EN EFECTIVO *(ACTUAL CASH VALUE)*: Una suma igual al valor de reemplazo de una propiedad dañada, menos la depreciación.

VALORES O ACCIONES *(SECURITIES)*: Instrumentos financieros que indican que el titular posee una acción o acciones de una compañía (capital social) o que ha prestado dinero a una compañía u organismo del gobierno (bonos).

BIBLIOGRAFÍA

MONTIEL, Orlando (2005). Bienes Raíces en la Florida: *Guía Práctica: Antes de vender o comprar una propiedad.* AuthorHouse.

REFERENCIAS ONLINE:

BalanceTrack (2008). *Planificación Financiera.* [en línea] Recuperado en junio de 2014. Disponible en http://www. balancetrack.org/spanish/financialplanning/index.html

BGI Financial (s.f). *Requisitos para la aprobación de crédito hipotecario (extranjeros - compra).* [en línea] Recuperado en diciembre de 2014. Disponible en https://bgifinancial.com

Doorsteps (2015). *Mortgages 101.* [en línea] Recuperado en junio de 2014. Disponible en https://doorsteps.com

Experian (2015). *Improve your Credit Score.* [en línea] Recuperado en junio de 2014. Disponible en http://experian.com/credit-education/improve-credit-score.html

FindLaw (2013). *Ten Landlord Legal Mistakes to Avoid.* [en línea] Recuperado en julio de 2014. Disponible en http://realestate.findlaw.com/landlord-tenant-law/ten-landlord-legal-mistakes-to-avoid.html

FEMA Federal Emergency Management Agency (s.f). *Elevation Certificate.* [en línea] Recuperado en junio de 2015. Disponible en https://fema.gov/elevation-certificate

Freddie Mac (s.f). *Acerca de Ser Dueño de Casa. Glosario.* [en línea] Recuperado en octubre de 2014. Disponible en http://freddiemac.com/homeownership/es/glossary/#V

García, Pedro J. Miami-Dade Property Appraiser. (s.f). *Tax Estimator.* [en línea] Recuperado en julio de 2014. Disponible en http://www8.miamidade.gov/Apps/PA/PAOnlineTools/Taxes/TaxEstimator.aspx

HUD.com (s.f). *Looking for the Best Mortgage.* [en línea] Recuperado en julio de 2014. Disponible en https://hud.gov/sites/documents/BOOKLET.PDF

IRS.com (2014, noviembre). *FIRPTA Withholding of Tax on Dispositions of United States Real Property Interests.* [en línea] Recuperado en octubre de 2014. Disponible en https://irs.gov/individuals/international-taxpayers/firpta-withholding

Judith Peraza (2014). *#RealEstate | Seguro de Título de Propiedad.* [en línea] Recuperado en marzo de 2015. Disponible en http://integratenews.com/

realestate-seguro-de-titulo-de-propiedad/

My Home by Freddie Mac. (2015). *Making a Traditional Offer.* [en línea] Recuperado en marzo de 2015. Disponible en http://myhome.freddiemac.com/buy/traditional-offer.html

National Association of Realtors (2017). *Profile of International Home Buying Activity.* [en línea] Recuperado en agosto de 2017. Disponible en https://nar.realtor/research-and-statistics/research-reports/profile-of-international-activity-in-us-residential-real-estate

Departamento de Servicios Financieros del Estado de Florida (2008). *Asegurando su Casa. Guía del Consumidor.* [en línea] Recuperado en marzo de 2015. Disponible en https://myfloridacfo.com

Departamento de Servicios Financieros del Estado de Florida (2018). *Seguro de Hogar. Una caja de herramientas para los consumidores.* [en línea] Recuperado en marzo de 2018. Disponible en https://myfloridacfo.com/division/consumers/understandingcoverage/guides/documents/HomeownersToolkit_sp.pdf

Paz Económica (2014, enero). *¿Cuáles son los gastos envueltos en los costos de cierre de la propiedad?* [en línea] Recuperado en octubre de 2014. Disponible en http://pazeconomicaasesores.com/cuales-son-los-gastos-envueltos-en-los-costos-de-cierre-de-la-propiedad/

Paz Económica (2014, mayo). *FIRPTA.* [en línea] Recuperado en octubre de 2014. Disponible en http://pazeconomicaasesores.com/firpta/

Paz Económica (2014, enero). *La manera más efectiva de hacer una oferta.* [en línea] Recuperado en octubre de 2014. Disponible en http://pazeconomicaasesores.com/la-manera-mas-efectiva-de-hacer-una-oferta/

Realtor.com (2015, enero). *10 Questions to Expect From Your Mortgage Lender.* [en línea] Recuperado en marzo de 2015. Disponible en http://realtor.com/home-finance/pre-funding-closing/questions-from-mortgage-lenders.aspx

Realtor.com (2014, mayo). *First-Time Home Buyer? Be Prepared for Closing Costs.* [en línea] Recuperado en junio de 2014. Disponible en http://realtor.com/advice/costs-associated-home-loan/

Realtor.com (2013, noviembre). *How to Get a Mortgage Pre- Approval.* [en línea] Recuperado en junio de 2014. Disponible en http://realtor.com/advice/get-a-mortgage-preapproval/

Realtor.com (2013, diciembre). *How do Real Estate Agents Get Paid?.* [en línea] Recuperado en octubre de 2014. Disponible en http://realtor.com/advice/how-do-real-estate-agents-get-paid/

Realtor.com (2015, marzo). *My Offer was Accepted – Now What?.* [en línea] Recuperado en marzo de 2015. Disponible en http://realtor.com/advice/my-offer-was-accepted-now-what/

Realtor.com (2014, marzo). *Open House: Easy Steps to Go Above and Beyond.* [en línea] Recuperado en junio de 2014. Disponible en http://realtor.com/advice/open-house-easy-steps-to-go-above-and-beyond/

Realtor.com (2015). *The 10-Step Guide to Buying a House.* [en línea] Recuperado en marzo de 2015. Disponible en http://realtor.com/advice/10-step-guide-to-buying-a-house/?cid=soc_home-buying-guide-lp_hbg1

RealtorMag (2014). *Common Closing Costs for Buyers.* [en línea] Recuperado en octubre de 2014. Disponible en http://realtormag.realtor.org/sales-and-marketing/handouts-for-customers/for-buyers/common-closing-costs-for-buyers

United States Census Bureau (2017). *Quick Facts Florida.* [en línea] Recuperado en diciembre de 2017. Disponible en: https://census.gov/quickfacts/fact/table/FL